新　潮　文　庫

池波正太郎指南

食道楽の作法

佐藤隆介著

目次

扉文字　佐藤隆介
写真撮影　岡倉禎志

池波正太郎指南　食道楽の作法

前口上――男の食卓とはそも何ぞや

人間にとって、ただ一つ、はっきりわかっていることは「いつかは死ぬ」という一事のみ。あとのことは一切わからない。人は死ぬために生れてくるのだよ……そういったのは亡師・池波正太郎だった。

「しかも、今日という日が人生最後の日かもしれない。毎日、そう思って飯を食え、酒を飲め。それでこそ男の食卓というものだ」

と、亡師から教わった。

私は〝男の酒飯の作法〟とはこれに尽きると思っている。茶湯《ちゃのゆ》でいう一期《いちご》一会《いちえ》の覚悟と同じだ。それから私は茶湯や茶懐石の勉強を遅まきながら始めた。

といっても、然《しか》るべき宗匠の下でお点前《てまえ》を習い始めたのではない。茶湯の先達が書き遺《のこ》したものを片っ端から読み漁《あさ》ったというだけのことだ。もともと茶湯は男の嗜《たしな》みだった。その頃の茶人のことばに多くを学んだ。

さて……。

池波正太郎がいうように、「今日が最後かもしれない」と思ったら、馬鹿《ばか》な食いもので間に合わせるわけにはいかない。阿呆《あほ》な酒を飲むわけにはいかない。バカな食いものとアホな酒でサヨナラではあまりにも情けない。

そう思い定めると、三百六十五日の一食一飲たりともゆるがせにはできないことになる。たとえ一切れの沢庵《たくあん》であれ、一杯のラーメンであれ、自分なりに納得できるものしか食べたくない。

亡師は毎日、その信条に従って食べる店を選び、自宅でも食べるものを工夫していた。たとえば夜食にインスタントラーメンを食うにも、昼飯の中華料理屋で土産に買ってきたシュウマイを入れてみる。これが池波流だった。こういう人を本当の「食道楽」というのだ、と私は思っている。

不肖の弟子は到底師の足許《あしもと》にも及ばないが、毎日が一期一会の口福という気持ちだけは持っているつもりだ。少なくとも、「これを食べたら、もう、死んでもいい……」と思えるものしか食べないと心がけている。

食べるということは、食べるものだけの問題ではない。その料理を盛る器。盛りつけの仕方。合わせる酒とその酒器。酒飯の席のしつらい。だれを酒敵に選ぶか。それらのどれ一つが欠けても一期一会の食卓にはならない。

だから、気分よく酒飯するということは、決してやさしくはない。どういう席を調え、どのように酒を飲み、飯を食うか……そんなことナリユキで適当でいいじゃないの、という人はそれでいいだろうが、曲がりなりにも池波正太郎に酒飯の作法の基本を教わった私としては、そうはいかない。

長い短いの違いはあっても、たった一回しかない人生。口福の何たるかを知らずに終わるのはもったいない……と思えばこその、いわばお節介の一篇にて候《そうろう》。

筆者

一、以酒養真の部

酒ヲ以テ真ヲ養フベシ

池波正太郎は酒好きだった。若い頃は一晩に一升空けても翌日は朝から普通に仕事をした……と聞いたことがある。

さすがに晩年は酒量を意識的に抑えていたが、素面《しらふ》でいきなり飯ということは決してなかった。そして、これほど酒をうまそうに飲む人を見たことがない。こういう酒好きのことを俗に「左党」といい、「ひだりきき」ともいう。これの出処《でどころ》は中国の古礼を集大成した『礼記《らいき》』なる書物である。

その一節に酒や食物を勧める場合、どのように卓に配置したらよいかというくだりがあり、「酒在東　醤在西　所謂左酒右醤是也」と教えている。天子は南面するという決まりから、東は左、西は右ということになる。つまり、酒は食卓の左手に、醤

(肴《さかな》の意) は右手に置くべしと。

ここからもっぱら左手をきかせる人、即《すなわ》ち酒好きということになったわけだ。こういう由来を知ると酒は左手で飲むのが正しいような気もするが、なに、どっちの手で飲もうと勝手だろうとも思う。少なくとも独酌の場合は右でも左でも好きなようにやればいい。

大体、酒とはそも何ぞやとか、酒道はいかにあるべきかとか、そんな難しいことはあまり考えたくない。気分よく飲む。それだけでいい。気に入った酒があり、気に入った酒器があり、気のおけない酒敵がいれば、もういうことはない。それというしかし、この三条件を揃《そろ》えるとなると、これがなかなか簡単ではない。己の力量と限界がすのも選ぶ酒にしろ酒器にしろ、あるいは酌《く》み交わす相手にしろ、己の力量と限界がすべてそこに出てしまうからである。だから本当に気分よく飲みたいと思ったら、生涯稽古《けいこ》の覚悟がいる……と思っている。

思ってはいるのだが、実際のところは単なる飲んだくれで、五十年近く酒を飲んできたにもかかわらず、酒徒としてどうもあまり磨きがかかっていない。われながら情けない限りである。

一ついいわけをすれば、これは私が酒飲みとして怠惰という以上に酒そのものがいつでもうますぎるのがいけないのだ。遠い昔、中国は東晋《とうしん》に陶淵明《とうえんめい》という大詩人がいた。別名を五柳《ごりゅう》先生といい、天性酒好きで酒を称《たた》える名詩をたくさん遺《のこ》した。多くの飲酒詩の中で五柳先生は酒を「忘憂物《ぼうゆうぶつ》」と呼び、酒好きを「忘憂君《ぼうゆうくん》」と呼んでいる。私にとって酒はまさしく忘憂物で、飲み始めたらたちまち憂《う》さもへったくれもなくなってしまい、明日は明日の風が吹く、今夜は心ゆくまでとことんやろう……。

興がのってくると、何故《なぜ》か文房四宝《ぶんぼうしほう》を取り出し、古人が遺してくれた「酒を称える歌」のあれやこれやを思う存分書き散らす。たとえば李白の「百年三萬六千日　一日須傾三百杯」とか、やはり大酒飲みで五柳先生に傾倒していた白楽天の「愛酒不愛名憂醒不憂貧」とか。この白楽天の詩は、陶淵明の酒仙ぶりを称えた非常に長い詩なのだが、後の方にこうある。

帰リ来ル五柳ノ下
還《マ》タ酒ヲ以《モッ》テ真ヲ養フ。
人間ノ栄与《ト》利ト
擺落《ヒラク》シテ泥塵《デイジン》ノ如《ゴト》シ。

これが私の格別のお気に入りだ。「酒を以て真を養う」とは何と素晴らしいことばだろうか。

真とは、天真である。すべての人間が本来持って生まれたはずの、純な気持ちである。酒を飲んだら天真らんまんな子供に帰らなきゃいけないのだ。たまたまこの詩を知って以来、以酒養真が私の座右の銘になっている。

子供というものは落書きが大好きである。夜毎《よごと》、ほろ酔いでご機嫌になるたびに、私は落書きをする。このときばかりは私も子供に帰っている。

落書きの楽しさはだれでも覚えがあるはずである。しかし、憂《う》き世のしがらみの中で大人の多くはそれを忘れている。私自身がそうだった。

本業が物書きだから四百字詰めの原稿用紙に一字一字書いて行くのが仕事で、これは結構きつい労働である。その証拠に、好きなミステリーの長篇を朝まで読み続けても何の疲れも空腹も感じないが、原稿書きで徹夜をすれば腹ペコで朝飯を山盛りでお代わりする。

そういう肉体労働であると同時に、書き損じの連続で苛立《いらだ》ち、心がささくれ立ってくるのが物書きという生業《なりわい》だ。パソコンという文明の利器を使えばもっと楽だと聞くが、万年筆しか使えない旧人類だからどうにもならない。そのイライラ解消に、ある晩、古新聞紙に墨汁で思い切り落書きをした。嘘《うそ》のようにイライラが吹っ飛んだ。

これで味をしめて、さっそく筆墨硯紙の文房四宝を買い込み、夜な夜なの落書きがすっかり習慣になった。和紙は旅に出るたびに見つけて買って帰るが、いま一番気に入っているのは小国《おぐに》和紙である。

雪深い越後《えちご》の山中で真冬に漉《す》かれる小国和紙には、地厚で木の皮や草をそのまま漉き込んだものがあり、大きさがちょうど折敷《おしき》ぐらい。これを常備しておいて、落書きをする。いつの間にかそれが貯《た》まる。そんな書き散らしをどうするのかといえば、客をするときに折敷代わりに使うのである。ただそのままでは素気《そっけ》ないから、迎える酒敵の名前をその都度一筆加える。いくら丈夫な和紙でも、所詮《しょせん》、紙は紙。濡《ぬ》れて破れたらそれでおしまいだ。それがいいのである。

その日、その一夜限りの使い捨てというところに不思議な贅沢感《ぜいたくかん》のようなものがあり、この落書き紙折敷を喜ばない客はまずいない。わざわざその一夕の宴のために、それも自分を迎えるために書いてくれたかと、敵は美しい誤解をするからのこと。こちらにしてみれば（してやったり……）である。

いうまでもないことだが、落書きは落書きだからいいのであって、間違ってもお習字になってはいけない。勉強した書道の書ぐらいつまらんものはないと知るべし。

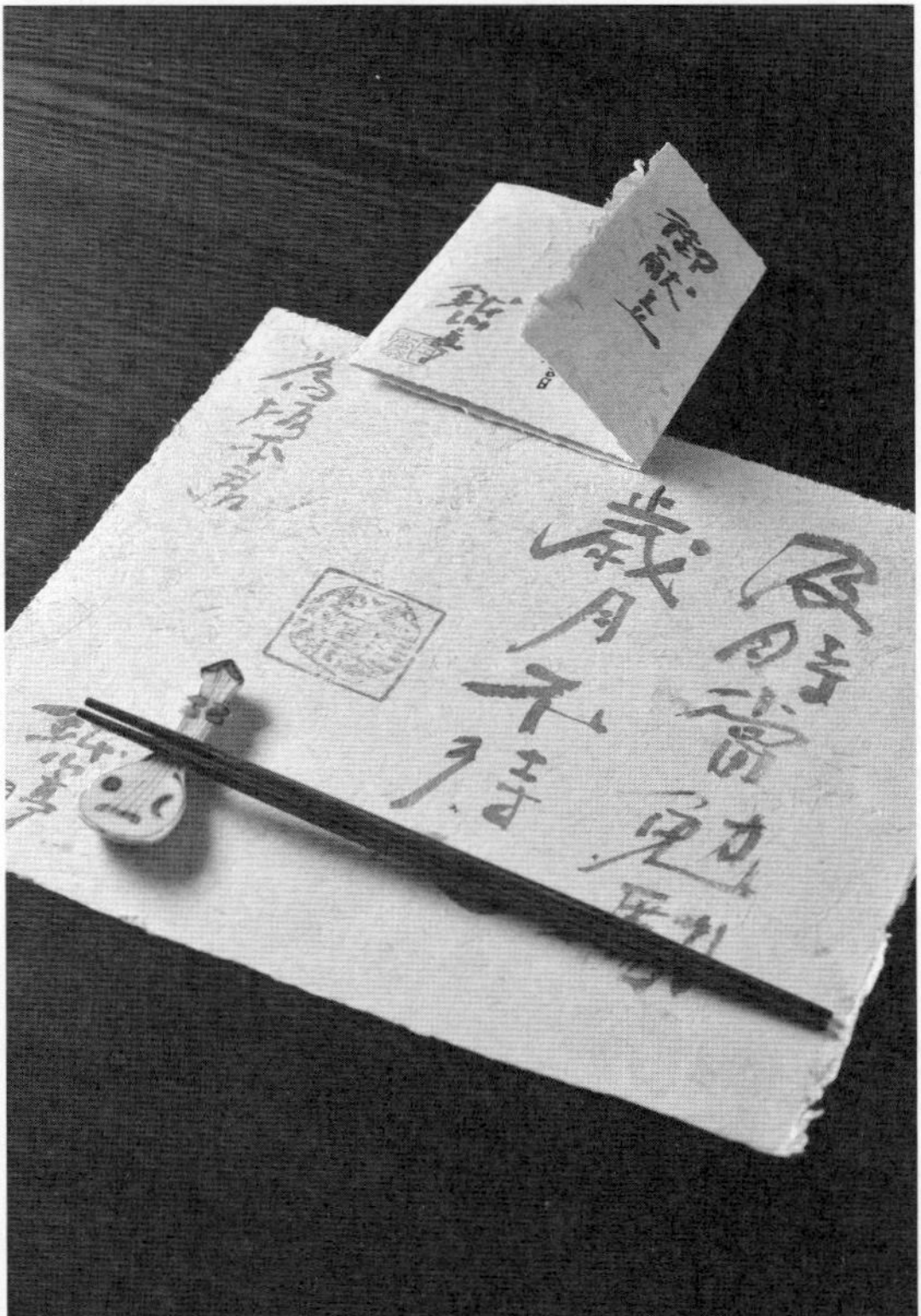
御献立

いい酒を楽しく飲んで、いい心持ちになっているときに、一気呵成《かせい》に筆を走らせれば、だれにだってそれなりの字は書ける。これこそ酒の功徳《くどく》というものである。逆に、あまり達筆ではかえって嫌味《いやみ》になる。下手くそほどまわりをしあわせにするのは書もカラオケも同じだ。

男なら朝からステーキ丼やるべし

池波正太郎がこよなく愛した夏野菜の一つは茄子《なす》だった。どう料理してもそれぞれにうまい茄子だが、なんといっても糠漬《ぬかづけ》にとどめをさす、と亡師は書いている。そして、

「漬きかげんの、あざやかな紺色の肌へ溶き芥子《がらし》をちょいと乗せ、小ぶりのやつを丸ごと、ぷっつりと噛《か》み切るときの旨《うま》さを何と形容したらよいだろう。さほどに、この夏の漬物の王様の味わいは一種特別のものだ」

と、ベタ褒《ぼ》めである。

確かに、うまくタイミングがあった茄子の糠漬は絶品だ。そのためには何時に食べるかを考え、そこから逆算して漬ける時間を決めなければならぬ。

拙亭の今朝の茄子は、すでに古漬だった。昨夜食べるはずが、急に遠来の旧友に呼び出されて、外で酒飯する羽目になったからだ。しかし、古漬は古漬で悪くない。かくやにするという手がある。

それにしても、たかが茄子の糠漬にもかかわらず、亡師の筆にかかると実にうまそうで、読むだけでよだれが出てくる。これはもう池波正太郎ならではの「芸」というしかないだろう。

代表作の三大シリーズ『鬼平犯科帳』『仕掛人・藤枝梅安《ふじえだばいあん》』『剣客商売』の人気がいまだに衰えない理由の一端は、さりげなく出てくる食べものの描写にある。ごく身近な、特別の贅沢《ぜいたく》でも何でもないものが、とにかくひどくうまそうでそそられる。

池波流茄子賞味法の一つに「焙《あぶ》り焼きの芥子醬油《じょうゆ》」というのがある。卓上こんろに金網をのせ、縦二つ割りにした茄子の切り口に胡麻《ごま》油を塗って焙り焼きにし、熱々《あつあつ》に芥子醬油をつけて食べる。

「これには冷や酒を湯呑《ゆの》み茶碗《ぢゃわん》でやるのがいいんだよ。うまいぞォ」

と、ご当人はいっていた。書く芸の真似《まね》は所詮《しょせん》無理だが、作って頬張るだけなら簡単だから、この茄子の焙り焼きは拙亭でもよくやる。なるほど、冷や酒が合う。

茄子と芥子の取り合わせが余程好きだったようで、亡師はわざわざ京都から芥子茄子を取り寄せていた。明暦元年（一六五五）創業という老舗《しにせ》「野村治郎助商店」の小粒丸茄子からし漬である。

元来は千枚漬で名代の店だが、千枚漬は寒い時季しかない。小粒丸茄子からし漬なら一年中あり、茶漬の友にも、酒の肴《さかな》としても出色の逸品である。芥子を洗い流さず、そのまま食べるのが定法《じょうほう》。しかし、死ぬほど辛いから、その覚悟で食べなければならない。

一度、荏原《えばら》の池波邸を訪ねた際にお裾《すそ》分けにあずかり、以来、やみつきになって、京に住む後輩に命じてときどき送らせている。その見返りは、彼が東京へ出て来たときに鮨屋《すしや》へ連れて行くという約束だ。いまにして思えばどうも治郎助商店から直接取り寄せたほうが安上がりのようだが、最初に取り決めた約束だから、いまさらそうもいかない。

さて、明日の朝飯は何にしようか……。

朝飯といっても私の場合は朝昼兼用。夜中に原稿を書く人間は、大体、起きるのが遅い。池波正太郎がその典型だった。起床時間はたいてい十時から十一時頃。それで亡師は朝飯といわずに「第一食」と称していた。

その第一食に何を食べていたか。『池波正太郎の銀座日記』から拾い出してみると、

「午前十一時起、いきなり、ステーキ丼《どん》を食べる。できるだけ、肉はつつしむことにしているが、夏は肉を食べぬともたない」

「連日の猛暑。少し元気をつけようとおもい、第一食に薄切りのビーフ・ステーキを食べる」

「きょうは、朝から小さなビーフ・ステーキをやる。完全に食欲がもどった」

「第一食は、薄いビーフ・ステーキを温飯《ぬくめし》の上にのせて食べる。旨い」

と、こんな具合だ。恐れ入るしかない。

朝から、いきなりステーキ丼！　男はかくありたいものである。朝飯をしっかり食わない人間は信用できない。朝飯抜きで出社したら午前中に考えることは昼飯を何にするか、こればっかりだ。

「仕事場に着いた瞬間から頭脳をフル回転させるためには、それなりのエネルギーが必要なんだ。そのエネルギーをちゃんと補給していない奴に、ろくな仕事ができるわけがない。だから朝飯というのは非常に大切なんだよ」

というのが池波正太郎の持論だった。

この際、うちも明日の朝飯は亡師の真似をしてステーキ丼と行くか。さいわい、届いたばかりの豪勢な伊賀牛がある。伊賀丸柱に江戸時代から続いている伊賀焼窯元《かまもと》があり、私は二月《ふたつき》に一回ぐらい、そこで皿鉢や土鍋《どなべ》の絵付けならぬ字付けをしている。その日当が伊賀牛と決まっている。

池波正太郎の食エッセイの名作『食卓の情景』に、伊賀牛を称《たた》えた一節がある。

「牛肉が、はこばれてきた。

赤い肉の色に、うすく靄《もや》がかかっている。

鮮烈な松阪牛の赤い色とはちがう。

松阪の牛肉が丹精をこめて飼育された処女なら、こちらの伊賀牛はこってりとあぶらが乗った年増女《としまおんな》である。

牛の脂身《あぶらみ》とバターとで、まず〔バター焼〕を食べた。

（中略）

もちろん、これではすまない。

バター焼のあとで〔すき焼〕をやらなくてはならぬ」

牛肉を描いて、これ以上に生つばが湧《わ》く文章を他に知らない。まさに池波正太郎ならではの至芸というべし。

ただし、念のために敢《あえ》て蛇足を加えれば、「松阪牛は処女、伊賀牛は年増女」というのは亡師一流の比喩《ひゆ》的表現であって、歴《れっき》とした銘柄牛はすべて四歳前後の処女牛だ。

松阪であれ伊賀であれ、あるいは世界にその名を轟《とどろ》かせている神戸牛であれ、もとは同じ但馬《たじま》牛系の黒毛和種の牝《めす》だけを、約四年、手塩にかけて育て上げたものである。

拙亭のステーキ丼は、まず牛脂と太白胡麻油（無香性が特徴）で薄切りのにんにくを、焦《こ》がさぬようにじっくり土鍋で炒《いた》めて取り出す。次にその土鍋で、厚めのステーキ肉をレアに焼き、そぎ切りにして温飯にのせ、煮切り酒で割った濃口醬油をかけ回し、卸し山葵《わさび》を天盛りにする。肉がよければ、これに限る。

ところで、こんがり狐色になった薄切りにんにくはどうするか。もちろん捨てはしない。これをかじりながら飲むビール（ウイスキーの水割りのこともある）がたまらないのである。

これから「海の暦」はどうなるのか

やっと今年も、そろそろ秋か……と思った途端に、気のせいか体調がよくなり始める。夏場を何より苦手とする老書生には、今夏はことに長い地獄の日々だった。

秋の気配を感じると、まず思い浮かぶのは新子《しんこ》だ。いわずと知れた小鰭《こはだ》の幼魚。江戸前鮨《ずし》で「光りもの」といえば普通は小鰭で、鯖《さば》や鰯《いわし》も光りものには違いないが、代表格はあくまで小鰭だろう。

江戸っ子は昔からどういうわけかこの小鰭という魚が大好きで、池波正太郎などは愛用の三年連用日記に毎年「初めて新子を食べた日」を書き込んでいたほどだ。

それというのも小鰭なら一年中あるが、新子となると秋風が吹き始めるほんの数日、せいぜい十日間しか鮨屋に登場しないからで、「うっかり食いはぐれないように……」

という用心のために他ならない。まさに食道楽作家の面目躍如たるものがある。

——その旨《うま》さは何ともいえない。

特有の臭みもまだついていない、若い魚の舌ざわりのよさ。白銀色《しろがねいろ》に黒胡麻《くろごま》を振ったような肌皮の照りも清々《すがすが》しく、

「もう一つ、いいかね?」

職人にたのむと、

「いまは、もう、コハダの新子なんて御注文は、ほとんどありません。遠慮なく召しあがって下さい」

（中略）

同じころには、イカの新子も、すしやに出る。これまた旨くもあり、すぐに姿を消してしまう。——

右は池波正太郎の『味と映画の歳時記』の一節だが、亡師が遠慮がちにもう一ついかと尋《き》いているのは、小鰭とは桁違《けたちが》いに面倒な手間がかかる新子と承知しているからだ。こういう所には実に細かく気を遣う人だった。新子をいくつか頼んだときは、帰り際《ぎわ》にいつも「これは新子の手間賃だ」と心付けをはずんでいた。

東京では小鰭が通り名だが、実は本名ではなく、正式な魚名はコノシロ（鰶）。昔

は初午《はつうま》の稲荷《いなり》祭に供えるのが習わしだったから魚偏に祭と書く……と何かで読んだ。しかし東京ではだれも鰶は食べない。

ところが所変われば品変わるで、関西方面では体長二十センチを超える鰶も鮨種にすると知って仰天した。こういう成魚は当然、芯《しん》の芯まで真っ白に塩と酢でしめてあり、握るときは切り身を使う。初めて大阪人にこれをごちそうになったとき、何という魚かと尋いて笑われたものだ。

江戸前の握りの場合、小鰭なら一匹の頭と尾を取って一貫づけが決まりで、それで大き過ぎる小鰭なら使わない。新子となると、ようやく二寸あるかないかの小魚の頭と尾を取ってしまえば、握り用の寸法は可哀《かわい》そうなほど小さいから、普通二貫づけ。ときには三貫か四貫づけでやっと一個の握りになる。

それほど小さな新子でも一匹ずつさばく手間は大きい魚と変わらず、小さいだけに塩と酢のしめ加減がなおさら難しい。しかも鮪《まぐろ》のトロのような値をつけるわけにいかない。だから新子は鮨屋泣かせの最たるもの……と知っていればこその「もう一つ、いいかね？」というわけだ。

もう遠い昔の話だが、池波正太郎の鞄持《かばんも》ちを務めた最初のフランス旅行で、あと二、三日で帰国というときに、亡師がいった。

「帰ったら真っ先に食べたいものは何だい」

「そりゃもう鮨です」

「やっぱり鮪のトロか、赤身か」

「いえ、新子の握りです」

「新子か。間もなく時季だな。よし、帰ったら一度、銀座の新富寿しへ連れて行こう」

それで帰国早々にお供させてもらったのが銀座新富寿しだった。亡師が戦前の若い頃からひいきにし、終生通い続けた老舗《しにせ》である。まだ株屋の小僧だった十五、六歳の池波正太郎が初めて銀座の鮨屋へ入り、勘定を払って大人ぶってくわえ楊枝《ようじ》で出ようとして、「そういうみっともないまねをしちゃいけない」と、親方にたしなめられた店だ。

いまは不肖の弟子が、いっぱしの顔をして通い続けている。そろそろ三十年近いつき合いになる。三代目の当主、神山《かみやま》富雄は、生意気盛りの小僧を一喝した初代の孫だ。昭和三十年銀座生まれ。毎日店から歩いて泰明小学校へ通ったという生《き》っ粋《すい》の銀座っ子。

この神山富雄ほど寡黙《かもく》な鮨職人を見たことがない。当節はやたらと講釈の好きな、能書きのうるさい職人が多過ぎるから、新富へ行くとほっとする。決して無愛想でもなくエラソウにしているわけでもない。「客に何か尋かれない限り無口」がこの鮨屋の決まりなのだ。三代目の下で働く若者たちも主《あるじ》同様寡黙に徹している。だが、新富寿しの鮨そのものは雄弁だ。握った鮨がすべてを語るから、職人はダンマリで構わないのである。むろん、何か尋けば必ずていねいに色々教えてくれる。きょう日《び》の鮨屋は、鮨をつまむ所というより「最後に握りも出す割烹《かっぽう》」のような店が多くなってきた。酒をたくさん売って客単価を上げようということだろう。飲んべエにはこういうスタイルの鮨屋は便利だ。便利だが私のような昔者にはどうもなじめない。

だから新富寿しに足が向く。ここには料理の類は一切ない。だいたい酒をせっせと売って稼ごうという気がない。以前、新富には、私にいわせれば、「甘口過ぎて、これは鮨には合わん」という酒しかなかった。こういう酒もあるぞと口出しをしたら、「うちは鮨屋。飲み屋ではありませんから」と断られた。

それがある日から私の好みに合う生酛《きもと》辛口のいい酒に変わった。わけを尋いて笑った。「初代のときからずっとおつき合いさせて頂いていた蔵がつぶれてしまいまして……」

近頃、よく若い人に尋かれる。鮨屋ではどう振舞うのがいいのですか、食べ方にもルールがあるのですか、と。池波正太郎の膝下《しっか》で十年間、私は酒飯の作法を勉強させてもらったが、

「要するに通ぶらないことだよ」

これが亡師の戒めだった。鮨屋での客としての心得もこの一言に尽きる。知ったかぶりをしなければいいのだ。

ところで、鮨屋通いでどうも気になることがある。「海の旬《しゅん》」の常識が、あまり通用しなくなりつつあるということ。

数日前も勢い込んで銀座新富寿しへ乗り込んだが、当然あるはずの新子がなかった。思えば今年は夏も来ないうちから新子が出ていた。一体どういうことか。小鰭は相変わらず文句なしのうまさだったが、日本の海の暦がこれからどうなるのか、心配だ。

覚弥か　覚也か　隔夜か……

実りの秋――。そろそろ「新米」が出回り始める時季である。米作りの技術が飛躍的に進歩したおかげで、各地にうまい銘柄米がふえたばかりでなく、私が子供だった頃に比べて、収穫時期が随分早くなっている。

現に拙亭では、今年も、何と七月末に新米を味わう幸運に恵まれた。二十年来のつき合いをしているカメラマンが種子島出身で、毎年国許《くにもと》から「日本一早い！」がキャッチフレーズの種子島コシヒカリを送ってくれるのだ。端境期《はざかいき》に食べるその新米のうまさには、思わず涙が出そうになる。

そうだ、忘れないうちにまた、いい酒を見つくろって、あいつに送っておこう。古市和義というあの売れっ子カメラマンは、無類の酒好きで底なしの酒豪。いつぞや、ふらりと現れたときは、二時間で三升空け、足どりも乱さず平然と帰って行ったものだ。

世の中、何がうまいかといって、白い米のめしほどうまいものはない。新米ともなればなおのこと。ご飯さえ本当に美味《おい》しければ、おかずは漬物だけでいい。種子島コシヒカリが届いた日は、その味と香りに敬意を表し、かくやだけでご飯を食べた。

近頃の若者はかくやも知らないのだから嫌になる。たまたまその晩、うちへ飲みに来ていた若い編集者は、「さあ、ご飯だ」という段になって食卓に出たのがかくやだけだったから目を白黒させ、がっかりした口調で、

「あの……これ、何ですか」

「オヌシはかくやを知らないのか」

「かくや……っていうんですか」

仕方がないから、そこで説明してやった。かくやとは種々の漬物の古漬を水で洗い、塩出しをしてから細かく刻み、生姜《しょうが》のみじん切り（おろし生姜でもいい）を加えて混ぜ合わせたところへ、好みで酒と醤油《しょうゆ》をごく少量ふりかけたもの。

「かくやって、どういう字を書くのですか」

「色々な説がある。徳川家康の料理人・岩下覚弥の創案だから覚弥という説。沢庵和《たくあんお》

尚《しょう》の弟子の覚也が初めて作ったから覚也が正しいという説。それに……」

「まだあるんですか」

「高野山に二人の老僧が一夜おきに守る隔夜堂というのがある。歯の悪い老僧のために香の物を坊から刻んで渡した。これを隔夜料といった。隔夜料が縮まって隔夜になったという説もある」

「どれが本当でしょう……」

「本当のところはわからん。だから、おれは文章では平《ひら》がなでかくやと書く」

「いい勉強になりました」

まだ結婚して一年というその編集者、食べてみたら余程うまかったらしく、かくやだけでご飯を三杯もお代わりをした。その旺盛《おうせい》な食欲に私は内心妬《ねた》ましさを覚えた。トシは取りたくないものだ。

食べっぷりのよさを惚《ほ》れぼれとながめていた山妻に、若者が尋《き》いた。

「これ、本当に美味しいです。一体、何と何が入っているんですか」

「うちのかくやなんて、糠漬《ぬかづけ》のうっかり出し忘れたのを使うだけだから……きょうのは胡瓜《きゅうり》、茄子《なす》、セロリ、人参《にんじん》、それだけかしら。ああ、そうだ、生の茗荷《みょうが》も刻んで足したわ。茗荷が入ると香りがいいから」

「そんなに色々入っているんだ。だから味わいが複雑で奥行があるんですね。これ、本当にうまいなァ……」

「それほど気に入ったのなら、明日から女房に作らせろよ。刻んで混ぜるだけで、こんなに簡単なものはないんだからな」

「でも……」

「でも、何だい」

「うちには糠漬なんてありません」

やれやれ、「ない」が意見の総仕舞《そうじまい》とはこのことなり。新婚編集者が帰ったあとで、カミサンがつぶやいた。

「糠漬もないなんて、あの子、毎日奥さんに一体、何を食べさせてもらっているのかしらねぇ……」

これには思わず笑いそうになり、あわててこらえた。当の本人も結婚当初は似たようなもので、糠漬はおろか茄子の塩漬さえ作り方を知らず、魚に至っては小さな鯵《あじ》すらおろせなかったのを思い出したからだ。

それがいまや、拙亭の典座《てんぞ》として堂々たる存在である。福島県いわき市の江名漁港に私の古い友人がいて、本業は揚げ蒲鉾《かまぼこ》と干物の製造販売だが、いい魚介類が手に入ると、うちへも活《い》けじめをクール便で送ってくれる。それらを苦もなくさばく腕前は、わが女房ながら大したものだと感心せざるを得ない。

ま、これは〝裏の典座〟すなわち亭主たる私の教育指導がよかったからに違いない。

そもそも裏の典座の務めとは何か。それは自分も一緒にエプロンをかけて台所をウロチョロすることではない。

それよりも、たとえば典座どのが晩の献立を考えあぐねていたら、旬《しゅん》の素材を思い浮かべて即座に三つ四つのアイデアを出せるだけの、料理全般にわたる知識を有すること。

第二には、女房が存分に腕をふるうために必要な食材や道具や器などを、当人が窮屈な思いをせずに自由に買えるだけの、たのもしい甲斐性《かいしょう》があること。

第三には、極力機会をこしらえて、典座さまを「うまいもの食べ歩き」に連れ出し、それとなく味覚の向上洗練に励ませること。

「この三カ条がきちんとできないようじゃ亭主失格だよ」が亡師の持論だった。

そして、ご当人は右の三カ条を見事に実践していた。

こういうことがきっちりできている亭主ならば、「男子厨房《ちゅうぼう》に入る」が当たり前のようになっているご時世だが、あくまで、「男子厨房に入るべからず」とうそぶき、気に食わないものが出てきたときは遠慮なくお膳《ぜん》をひっくり返してかまわない。これも池波正太郎の口ぐせだった。

裏典座心得の第二項に関しては、拙亭の場合、遠い昔の結婚直後に、わが信条を女房にこう宣言してある。

「人生は口福に在り。口福追求には一切金を惜しむべからず」と。

それを鵜《う》呑《の》みにした表の典座、あとになって気づいたことだが大変な庖丁《ほうちょう》マニアで、気に入った庖丁を見ると後先を考えずに買い込む。だから、うちには三十七丁の庖丁が勢揃《せいぞろ》いしている。亭主の万年筆はやっと十三本。

「究極の米のめし」に帰れ

好きな肴《さかな》をあれこれ取り揃《そろ》えて、好きな酒を飲む。世にこれほどのしあわせはない。しかし、私の場合は、どんなにご馳《ち》走《そう》があってもそれだけではだめで、しめくくりはご飯でなければおさまらない。これは我が亡師も同じだった。何しろ晩年、アトリエ代わりにしていた「山の上ホテル」で、天ぷらが名代の和食堂で板長にたのんで、「すまんが、白いご飯に醬油《しょうゆ》をかけて食べさせてくれ」といっているくらいだ。

私にとっては、ご飯は特別のものである。米という字をよく見ろ、八十八で米、お米には八十八回も作る人の手がかかっているのだぞ、一粒たりとも粗末にしてはならん……とご飯のたびに親にいわれた。その厳しい戒めが骨の髄までしみついている。

当然、駅弁を買っても、まず最初に、蓋《ふた》にくっついたご飯粒をきれいに食べるのがくせになっている。だから、当節の若者がハンバーグライスでも鰻丼《うなどん》でも、平気で器にご飯粒をこびりつかせたまま席を立つのを目にすると、他人事《ひとごと》ながら無性《むしょう》に腹が立つ。親の顔が見たいと思う。

とはいえ、一方的に彼らを責めるのは酷かもしれない。そういうご時世なのだ。敗戦後の日本はどこぞの国の経済戦略に乗せられ、豊葦原瑞穂国《とよあしはらみずほのくに》の誇りもどこへやら、米のめしの大切さを忘れて、パン食が当たり前になってしまった。

さらにはパスタと称する西洋麵類《めんるい》の普及もあって、米の価値観が大きく変わった。それと共に〝ご飯のマナー〟が実にいい加減になってしまった。箸《はし》一つまともに持てない日本人が何と多いことか。

ここで、もう一度、ご飯を主役にした正しい食卓を再興しないと、日本の食文化そのものが滅びる……これが私の持論だ。そのために、いま、何をなすべきか。

「ご飯ってこんなに美味《おい》しいんだ！」

このことを理屈ぬきで子供たちにしっかり教えることが先決である。いや、その前に、当の親自身が「本当の米のめしのうまさ」を知っていなかったら、どうにもならない。やんぬるかな、それを知らない日本人があまりにも多過ぎる。

「うちは南魚沼産のコシヒカリだから……」と、得意顔でいう人間がいる。本物の何十倍、もしかしたら何百倍ものニセコシヒカリが横行しているという事実はさておき、「ではその米をどうやって炊《た》いているのか」と、私は反問したい。

熱源が電気であれ、ガスであれ、百人中九十九人は自動炊飯器だろう。私にいわせればまさに笑止千万《しょうしせんばん》。いかに炊飯器が進歩したとはいえ、ご飯は温かけりゃいいと盲信して自動保温機能完備の炊飯器に頼っている限り、永久に〝究極のご飯の美味しさ〟とは無縁という他はない。

炊飯器で炊き上がったものは、まだ本当の「ご飯」ではなく、「ご」のつかない半端な「はん」である。これは私がいっているのではなく、懐石名人とうたわれた辻嘉一老が著書『味覚三昧《ざんまい》』の中でそう断言している。

「炊きたての炊飯器の御飯の真中のをよそわれる御亭主は災難で、一年中熱くて不味《まず》い御飯を食べさせられるわけであります」

と、懐石名人は手厳しい。

だれもかれも炊飯器でなければご飯は炊けないと思い込んでいる時代だから、いまさら炊飯器を全面的に否定するのは無理だろう。それならせめてお櫃《ひつ》を使いなさいというのが辻嘉一の提言だ。

「すし屋は、木鉢へ釜《かま》を裏に返してすっぽりと全部の御飯を打ちあけるのです。すし屋は御飯の味が生命であり、上手に〝むらせ〟ます。このことをよく考えて、今後は御家庭においても御飯は木櫃《おひつ》へ移し、よくさばいて布巾《ふきん》を覆《おお》って蓋をして、さらに十分間待つ――と、落ちついた旨味《うまみ》が生れ、おいしい温度となり、真の美味の〝ごはん〟となります」

と『味覚三昧』にある。

古来、日本の食文化では、「薪《まき》のかまどで、重い木蓋の羽釜《はがま》で炊いて、お櫃に移してほどよい温度にむらしたご飯」が究極の美味とされてきた。

そんなことは百も承知だが、いまどき薪のかまどに羽釜なんてあまりにも非現実的……と、だれでもいうに違いない。まったくその通りだ。しかし、あきらめるのは早過ぎる。いまは薪のかまどと羽釜の代わりに、伊賀焼の「かまどさん」というものがある。

かまどさんは、早い話が二重蓋の土釜で、多孔質の伊賀土ならではの特性と、その構造のおかげで、「薪のかまど」「重い木蓋の羽釜」「お櫃」の三役を一手にまとめて果たしてくれる。もし、いま池波正太郎が生きていたら、「こんなに便利なものができたのか……」と口惜しがるだろう。

かまどさんの大きなメリットの一つは「ガス火にかけて、ぷうぷう湯気が吹き上がってきたら火を止める」という簡単さだ。火加減というものが必要ない。かまどさん自身にその機能が備わっているからである。これを使えばだれでもその日から〝ご飯炊き名人〟になる。

かまどさんが世に出てそろそろ十年ぐらいになるだろうか。「平成の超ヒット商品」としてマスコミにもしばしば採り上げられ、いまや、かまどさんは〝究極の米のめし〟の代名詞となりつつある。

この画期的な土釜にも泣き所がある。ガス専用で、電子レンジには使えないということだ。近年、高齢化社会の一つの風潮として、「安全第一のオール電化マンション」が普及しはじめている。それにガスがある家でも、調理器具の主役は電子レンジに変わり、何でも「チン！」でかたづける時代だ。

「電子レンジで使えるかまどさんがあればいいのにねぇ……」

そういう声が強まってきた。その時代的要望に応《こた》えて、ついに同じ伊賀焼窯元《かまもと》から電子レンジ専用のかまどさん、名付けて「陶珍かまど」がデビューしたのだから、長生きはするものだ。

さっそく一つ手に入れ、かまどさん二世に敬意を表して、豪勢に松茸《まつたけ》ご飯を炊いた。

いや、もう、そのうまいこと、うまいこと。これからは十分に留意して食べ過ぎに用心せねばなるまい。

食は上薬　酒は百薬之長

中国の明《みん》代に李時珍《りじちん》が集大成した『本草綱目《ほんぞう》』という大著がある。全五十二巻。本草すなわち薬用になる植物千八百九十余種の詳細な解説書で一五九六年刊。

その中で李時珍は食事のことを「上薬」と呼び、保健予防のための薬を「中薬」、病気になってからの薬を「下薬」と呼んで、よい食事こそ最上の薬と説いている。けだし名言というべし。いまにして思えば、池波正太郎も「よい食事こそ上薬」の信奉者だった。

うまいものを、(ああ、うまいなァ……)と思いつつ、気に入った酒を飲みながら食べること――これに勝る健康法はあり得ない。上薬と百薬之長が手を組めばまさに「鬼に金棒」で、こわいものなしだ。

上薬中の上薬といえば、私の場合は鰻《うなぎ》である。世の中にこれほどうまいものが他にあろうか、といいたいほど鰻はうまい。しかし、鰻や泥鰌《どじょう》は見るのもイヤという不幸な人もいるのだから、人さまざまというしかない。

鰻を食べると精がつくとは万葉の昔からいわれていることである。質のよい蛋白質《たんぱくしつ》と脂肪をたっぷり含み、しかもビタミンAの豊富さにおいては出色の優れもの。日本人は遠い昔からそのことを経験的に知っていた。

かの大伴家持《おおとものやかもち》の一首に、いわく。

「石麻呂に吾《われ》もの申す夏痩《なつや》せによしといふものぞ武奈伎《むなぎ》とりめせ」

家持の友人、吉田石麻呂はひどいやせっぽちだった。その石麻呂を冷やかして、ひどい夏痩せじゃないか、鰻でも食ったらどうだ、というわけだ。武奈伎は胸黄で、鰻の胸のあたりが淡黄色だからのこと。ムナギが訛《なま》ってウナギになったといわれている。

右の歌には一対になっているもう一首があって、それは石麻呂の返事になっている。

「痩す痩すも生けらばあらむをはたやはた鰻を捕ると河に流るな」

いくら痩せていようとも、生きているだけまし。鰻をとりに行って溺《おぼ》れ死んだりしたらばかばかしいからな。

長い間、私はこの二首が家持と石麻呂の和歌での冷やかし合いだと思いこみ、万葉人は優雅なものよと感心していた。ところがある日、長文の手紙が舞い込み、「他人《ひと》様《さま》からの請け売りでいい加減なことを書いてはいけません。どちらも〝痩せたる人を嗤《わら》咲ふ歌二首〟として家持自身が詠《よ》んだものです。家持は自分も非常に痩せていたので、石麻呂の名を借りて自分自身を笑い者にしているのです」

きついお叱《しか》りの手紙の主は、知る人ぞ知る万葉研究家、実は私の父方の従姉《いとこ》である。これには参った。物書きとは恥かきなり、である。小さい頃から才色兼備で一族の花形だったこの従姉に私は頭が上がらなかったが、これでトドメをさされた。

週に一度は食べたいと思う鰻だが、貧乏書生にとっては月に一度、頑張って二回がせいぜいである。考えてみれば妙な話で、鮨屋《すしや》に比べたら鰻屋のほうが明らかに安い。それなのに鮨を食う頻度が鰻の蒲焼《かばやき》よりはるかに高い。これは多分、私の頭のどこかに「鰻はハレの日の特別のご馳走《ちそう》」という思い込みがあり、そんなに気安く食べてはバチが当たるという気持ちがあるからだろう。

鰻好きで有名だったのは魯山人《ろさんじん》で、エッセイのどこかに、「私の体験からいえば毎日食っては飽きるので、三日に一ぺんぐらい食うのがよい」うんぬんと書いている。三日に一ぺんでもちょっと多過ぎやしないかと思うのは貧乏人のひがみか。

わが亡師・池波正太郎も大変な鰻狂の一人だった。おかげで私も随分あちこちの高

名な鰻屋へ連れて行ってもらったが、
「最近の鰻屋は料理屋のまねをして、鰻の蒲焼の前に色々と出し過ぎる！」
と、よく怒っていた。蒲焼を本当に美味《おい》しく食べようと思ったら、蒲焼の前に何か食べちゃいけない。せいぜい、お新香だけで酒を飲みながらじっと待て。これが亡師の持論だった。

そうはいわれても、私は鰻屋へ行って肝焼があったら食べずにはいられない。まず、肝焼で酒を一本飲み、次に白焼で一本飲む。それでもまだ鰻丼《うなどん》（鰻丼がない場合は鰻重）が出てこないときは、亡師の戒めに従って、お新香を少しずつかじりながら三本目を飲む。

どういうわけか私は鰻の蒲焼を肴《さかな》として酒を飲もうとは思わない。蒲焼には酒より白いご飯である。それも蒲焼とご飯が別々というのは好きでなく、丼飯《どんぶりめし》に蒲焼がのっていてタレがほどよくご飯にしみている……これでなくては鰻の蒲焼を食べた気がしない。

これは東京だけのことかも知れないが、鰻丼がなくて鰻重だけという店が多くなってしまった。まことに遺憾である。やきものは欠けやすく、割れやすい。その点、ぬりもののほうが丈夫で長持ちして経済的ということらしいが、鰻丼党としては面白くない。自分用の丼を持参して、「これに盛ってくれ」といいたくなるが、喧嘩《けんか》になるに決まっているからそれだけはやめてくださいと山妻に厳命されているので、まだ実行していない。

昨夜は久々に『鬼平犯科帳』シリーズの一巻を取り出し、ちょっとだけのつもりで読み始めたら止まらなくなり、結局、仕事をせずに朝まで読み通してしまった。

中の一篇『泥鰌の和助始末』に、鬼平の息子・辰蔵《たつぞう》が尾行をしながら鰻屋「喜田川」のことを思い浮かべ、よだれをたらさんばかり……というシーンがある。それを読むと、鰻の蒲焼の歴史がわかる。

——辰蔵が子供のころは、鰻なぞも丸焼きにしたやつへ山椒味噌《さんしょみそ》をぬったり豆油《たまり》をつけたりして食べさせたもので、江戸市中でも、ごく下等な食物とされていたものだ。

（中略）

それが近年、鰻を丸のままでなく、背開きにして食べよいように切ったのへ串《くし》を打ち、これを蒸銅壺《むしどうこ》にならべて蒸し、あぶらをぬいてやわらかくしたのを今度はタレをつけて焼きあげるという、手のこんだ料理になった。これをよい器へもって小ぎれいに食べさせる。

「鰻というものが、こんなにおいしいものとは知らなかった……」

いったん口にすると、後をひいてたまらなくなる。——読んだだけではおさまらず、よし、きょうは朝飯抜き、昼に行きつけの田園調布の「平八」で鰻を食うぞと決めた。予約なしのぶっつけだから肝焼にはありつけないだろうが、まァ致しかたない。

鍋とは想像力と遊び心の舞台なり

「今夜は何にしますか、お父さん」

「鍋《なべ》にする」

「昨夜も鍋だったのに、いいんですか」

「いい」

「何の鍋にしましょう……」

この時季になると、拙亭では第一食のたびにこんな会話が繰り返される。亭主が鍋狂だからのことだが、「毎日、晩飯の献立を女房に指示するのは、亭主の務めだぞ」と、池波正太郎に叩《たた》き込まれたからのことでもある。

美食学の祖と称《たた》えられるフランスの碩学《せきがく》ブリア・サヴァランが、不朽の名著『美味礼讃《らいさん》』の冒頭でいっている。

「どんなものを食べているか言ってみたまえ。君がどんな人であるかを言いあててみせよう」

サヴァラン先生の名言を無断借用して私流にもじれば、こうなる。

「君は、どんな土鍋を使っているか言ってみたまえ。君がどんな人であるかを言いあててみせよう」

土鍋を見れば、その家の食生活のレベルは一目瞭然《りょうぜん》である。たかが土鍋でそんなことがわかるのかと思うような徒輩《てあい》には、そもそも「食」をうんぬんする資格はない。

亡師が自邸で鍋をやる場合はもっぱら「小鍋立て」だったが、専用の洒落《しゃれ》た京焼の小鍋と、炭火の卓上焜炉《こんろ》を愛用していた。道具そのものが「うまそう……」だった。

二十一世紀、日本の食卓の主役は、私見では土鍋である。アルミやステンレスの鍋でも煮炊《にた》きはできるが、これは所詮《しょせん》、台所道具。食卓にのせるべきものではない。鉄鍋も南部鉄の鋳物《いもの》なら、それなりの雰囲気がないでもないが、どれを見ても同じ無愛想な表情で面白味に欠ける。

そこへ行くと土鍋なら千変万化の楽しさがある。姿かたちが色々なら、色調や質感、絵柄もさまざま。黒楽、赤楽、飴釉《あめゆう》、鉄絵、刷毛目《はけめ》、織部、信楽《しがらき》、焼〆《やきしめ》、灰釉……限りなく多彩な日本のやきものの美と技が、そこにひろがっている。

せっかく世界一の〝やきもの王国〟に私たちは生まれ合わせているのだ。その素晴らしいやきものの数々を存分に楽しまぬくらいなら、日本という国に暮らす甲斐《かい》がない。

近頃よく「食育」ということばを新聞や雑誌で目にする。日々の食卓が人間を形成するということを考えれば、みんなもっと三百六十五日の食卓について真剣に考える必要があるんじゃないのか。

日々の食卓に全力を尽くすこと。子供のためにできる親の務めはこれしかない。親子そろって囲む食卓こそは最上の教育の場、と私は思っている。その食卓の真ん中に土鍋があれば、難しい理屈や説教はいらない。

一つ鍋を囲んで、みんなで同じものをわかち合う——その情景には平和と幸福がある。一緒に生きているという連帯感がある。鍋はそれを囲む人々の気持ちを一つにする。

思うに、鍋料理とは日本の食文化の最高傑作である。季節々々のあらゆる恵みが、すべて鍋の材料になる。しかも三人のところが急に五人になり、七人になっても、鍋ならなんとかなる。ありったけの材料を刻んで入れ、みんなで分けあえばいいだけのことだ。

鍋には、さらに、全員参加という歓《よろこ》びがある。たいていの場合、もてなしを仕切る女房は仕度に忙しくて食卓に参加できない。それが鍋なら、材料を取りそろえて、あらかじめ用意しておきさえすれば、あとはずっと亭主共々みんなと一緒に楽しむことができる。

実際、うちのカミサンほど台所をあずかる女房として楽チンな人間はいないだろう。毎日のように鍋、鍋、鍋の亭主だから、ほとんど料理をする苦労がない。しかも鍋料理の場合は、あとかたづけも洗い物も簡単だ。

自他共に許す鍋狂として、私は「鍋奉行五カ条」なるものをつねづね唱えている。すなわち、鍋にルールなし、鍋にタブーなし、鍋に計量なし、鍋に夏冬なし、鍋に定員なし。

何でもありの自由さ。これが鍋の鍋たる所以《ゆえん》である。材料の組み合わせも、味つけも、鍋奉行の好き勝手。鍋物にはまず失敗はあり得ないから、集まった全員がニコニコ顔になって、鍋奉行の株が上がる。

拙亭の鍋の主役は圧倒的に豚バラ肉で、週に二、三度はこれを食べる。豚バラ肉とほうれん草の常夜鍋は亡師の好物の一つだったが、うちではほうれん草の代わりにレ

タスが多い。豚バラの脂《あぶら》をうっすらとまとったレタスをぽん酢で食べると、一人一個丸ごとのレタスがたちまち胃の腑《ふ》に収まってしまう。

ポン酢ともみじおろしで豚バラしゃぶしゃぶを食べながら酒を飲み、最後は鍋に味噌《みそ》を入れて豚汁に仕立て、これで飯を食うのが拙亭の定番となっている。豚汁にうどんを入れて飯代わりにすることもある。

豚バラ肉とキムチの韓国式鍋もよくやる。これは豚肉もキムチも前以《まえもっ》て炒《いた》めておいてから入れる。ソウルに住む韓国人の飲み友だちから教わったやり方だ。確かに肉やキムチを、そのまま鍋に入れるより、このほうが味がいい。豚バラとキムチの鍋をやったあとは、これを煮詰めて温かいご飯にかけ、ソップ飯にする。これが無茶苦茶うまい。

鶏《とり》団子チャンコもわが家の定番の一つだ。これは鶏挽肉《ひきにく》だけより豚挽肉をミックスして団子にしたほうが味に奥行が出る。鶏と豚の合挽肉(鶏3に豚1)に刻み葱《ねぎ》、露生姜《しょうが》、味噌、胡椒《こしょう》、酒、卵、それに水を加えてよく練る。これを昆布出汁《こぶだし》の鍋に落としながら食べる。出汁に薄く味をつけておくのもいいし、ポン酢で賞味するのもいい。

肉団子を熱湯に落とし、浮き上がってきたのを冷ましてから冷凍しておくと、雨の日に買物に行かなくても、豆腐や野菜と一緒にして結構うまい鍋にありつける。

「それで、お父さん。今夜は何の鍋？」

「きのうは豚バラしゃぶしゃぶだったな」

「そうよ」

「一昨日は何鍋だったっけ……」

「鶏団子のチャンコでした」

「それなら今夜は、海のものにするか」

「海のものって、何がいいの？」

「まかせる」

結局、カミサンが近所のスーパーで仕入れてきたのは鯛《たい》の頭だった。これを塩焼きにして昆布と共に鍋に入れ、たっぷりと酒を注ぎ、この出汁で豆腐と三つ葉を食べた。いわゆる鯛豆腐。亡師・池波正太郎の大好物だった。うまかった。

二、食道楽「春」の部

古書にいわく「酒に十徳あり」

水温《ぬる》む春。暑さ寒さも彼岸までで、いよいよ本格的な春が近い。やっと肩の力がぬける思いだ。寒い間はどうしても肩が凝る。

裏庭へ行ってみたらふきのとうが結構いっぱい出ていた。気が付くのが少し遅すぎたが、それでもまだ食べられそうなので、十個ばかり摘んで山妻に渡した。

この時季の季語の一つに「山笑ふ」がある。早春の山々の木々が次第に潤《うる》みを帯び、明るい陽ざしに照らされて、まさに山が笑みを浮かべているように見える弥生《やよい》三月。

ちなみに「山笑ふ」は中国宋代の禅僧で画家としても知られる郭煕《かくき》の『林泉高致』に、「春山淡冶《タンヤ》ニシテ笑フガ如《ゴト》ク、夏山蒼翠《ソウスイ》トシテ滴《シタタ》ルガ如ク、秋山明浄ニシテ粧《ヨソオ》フガ如ク、冬山惨淡トシテ眠ルガ如シ」とあるところから出ている。

ふきのとう味噌《みそ》で昼酒をやった。強烈な香りと苦味がたまらない。全身に春の生命力を感じた。明るい春の暖かい陽ざしの中でやる昼酒は無職渡世人の特権である。

（労をいとひ、憂《うれい》をわすれ……ああ、これぞ飲酒の十徳というものだなあ……）

と、しみじみ酒のありがたさを思った。

酒の十徳を初めて世に明らかにしたのは江戸中期の文人にして画家、本来の仕事は大和郡山《やまとこおりやま》藩の重臣だった柳沢淇園《きえん》なる人である。高名な儒学者・荻生徂徠《おぎゅうそらい》に師事し、朱子学をはじめ仏典、本草《ほんぞう》、書画、篆刻《てんこく》など十六芸をよくしたというから相当な人物だったらしい。

ことに絵画は院体風の精密濃彩の花鳥画にすぐれ、南画の興隆にも力があったという。恥ずかしながら院体風が何のことかも知らない門外漢だが、この柳沢淇園の著とされる四巻の随筆集『雲萍雑志《うんぴょうざつし》』のことはちょっとだけ知っている。

これは天保年間に刊行されたもので、和漢混淆文《こんこうぶん》で志士・仁人の言行を掲げ、勧善懲悪を示した書……と、広辞苑にある。なんでこんな本のことを知っているかというと、昭和十一年に出た『和漢酒文献類聚《るいじゅ》』なる一書に「飲酒の十徳」の原典として採録されているからである。

編者・石橋四郎は、もとは山邑酒造という蔵の広告部長で、思い立っておよそ酒に関する古書・文献をすべて抄録し、十数年の歳月をかけて『和漢酒文献類聚』を完成した。

その序文に、農学博士・黒野白鵬がこう書いている。

「其《そ》の内容や頗《すこぶ》る豊富、其の叙するや実に系統的、而《しか》も全篇悉《ことごと》く各項毎《ごと》に原書名を掲出併記し、以《もっ》て出典の精確に資したるが如《ごと》き、一巻直に史書万巻の価値を有し、酒学研究上裨益《ひえき》する所亦《また》大なるべし」

三十余年前、私に酒の手ほどきをしてくれた先輩から、「きょうはお前の誕生日だったな。この本をお前にやろう」と、贈られた一巻を私は宝物にしている。五百九十ページの本文に「酒襍志」と題する付録百四十六ページが付いた大著で、昭和十一年九月二十五日発行時の定価は金七円也《なり》。

当時の七円がいまのいくらに相当するのかわからないが、多分大変な額だったろうと思う。装幀《そうてい》には酒袋が使われている。その第十三章「飲酒」の第四項「文献と詩歌」の一節に「飲酒の十徳」が出てくる。

一、礼を正し（その逆の奴も多いが……）

二、労をいとひ（そうなんだ……）

三、憂をわすれ（別名、忘憂物《ぼうゆうぶつ》だからな）
四、鬱《うっ》をひらき（そう、そう）
五、気をめぐらし（飲むとアイデアが湧《わ》く）
六、病をさけ（酒は百薬の長だからな）
七、毒を解し（酒で身体を消毒するんだ）
八、人と親しみ（そうとも、そうとも）
九、縁をむすび（飲まん奴とはつきあえん）
十、人寿を延ぶ（ありがたや、ありがたや）

これが飲酒の十徳である。どの項もそれぞれもっともだが、私が一番気に入ったのは他ならぬ「労をいとひ」の一項だ。「労をいとはず」というのはよく使われる形容で、だれでも知っている。日本人の古典的な道徳の一つだからである。

それを真っ向から否定して「労をいとひ」を飲酒十徳の一つに挙げているところに私はしびれた。しぶしぶながら働くのは日々の酒と少しの肴《さかな》のため。それが何とか間に合っている間はまったく働く気がない。そういうグータラ書生にとって、「労をいとひ」は天の声に聞こえた。淇園先生は凄《すご》い。

昼酒をやりながら晩飯は何を食おうかと考えた。三月は一年中で一番貝類の豊富な時季である。青柳《あおやぎ》。小柱《こばしら》。赤貝。浅蜊《あさり》。まだ牡蠣《かき》もある。常節《とこぶし》、蛽貝《ばいがい》、蛤《はまぐり》、海松《みる》貝、俗に平貝という玉珧《たいらぎ》。

考えた末に青柳の酢味噌和《すみそあ》えと蛤鍋《なべ》に決めた。青柳は本名、馬鹿《ばか》貝である。殻がいつも半開きになっていて、そこから舌（実は足）をベロンと出している様子からこの名がつけられた……ということになっているが、本当は一夜にして棲《す》み家《か》を大きく替えるので場替え貝、それが転じて馬鹿貝になった。ついでにいうと青柳は千葉県の海岸で、かつてはここが馬鹿貝の主産地だったから、そのむき身を青柳というようになったのだ。

蛤鍋は池波正太郎直伝の酒仕立てでやる。小鍋に酒を張り、ほんの一つまみの塩を入れて煮立てる。そこへ殻ごと蛤を一つ入れ、口があいた瞬間に取り出して食べる。

次の一個を入れ、口があいたら、

「ほら、今度はお前だ」

と、さし向かいの相手に取ってやる。これが小鍋立ての醍醐味《だいごみ》と教わった。亡師の言によると小鍋立てとは本来、わけありの男女が四畳半でしっぽり楽しむ粋なもので、ごてごてと色々な材料を入れない。せいぜい二種。蛤鍋なら蛤と三つ葉のみ。

小さな土鍋の湯気にお互い鼻を突っ込んで「これはお前」「これはオレ」と蛤を一つずつ煮ながら食べるのだから、早い話が男と女のままごとである。「わけありの男と女」のさし向かいの色っぽさは、拙亭ではもはや望むべくもないが、古女房と遊ぶのもまァ悪くない（と、いまや達観している）。

蛤鍋に入れる酒は、その日、自分が飲む酒を入れる。蛤にもいい酒をたっぷり飲ませないと本当にいい味にならない……と、頭の中がすっかり蛤鍋モードになっているところへ、山妻が水を差して、

「お父さん、蛤は高いから浅蜊にしましょう」

ま、浅蜊も悪くない。これも亡師直伝の浅蜊と大根の小鍋立《た》てという手がある。ついでに、しめくくりの御飯は炊き込みの浅蜊飯にしよう。

江戸っ子は独活好きだった

独活と書いてウドと読む。

それくらいはだれでも知っている。それでは土当帰と書いて何と読むか。これは読める人が少ないだろう。これもウドである。

白状すれば私もむろん知らなかった。今回は好物の独活の話を書こうと思い、一夜漬けで勉強した。そこで初めて土当帰もウドだと知ったわけだ。

独活の独は「ひとり」、活は水が勢いよく流れるさまを表す文字で、独活とは「風も吹いていないのに独り動く」の意である。山地に自生する独活の姿を見事に表現している。別に独揺草《どくようそう》ということばもあるが、これはストレート過ぎて面白くない。

独活はウコギ科タラノキ属の多年草で、春に宿根から生じる萌芽《ほうが》を賞味する習わしは随分古くからあったらしい。

雪間より薄紫の芽独活かな

元禄四年（一六九一）二月、山路の残雪の陰に独活を見つけて芭蕉《ばしょう》が詠《よ》んだとされている一句だ。独特の芳香とさわやかな甘みが、すでにこの時代から珍重されていたことがわかる。

雪間の芽独活は滅多には手に入らないから、芭蕉の時代にはもう人工的に土寄せをして野生のものより長い独活を栽培し、これを「山独活」と名付けて売るのが商売になっていたというから驚く。

やがて独活栽培技術はさらに進化し、俗に「モヤシウド」と呼ばれる軟化栽培の白独活が主流になる。それが江戸時代から今日まで続き、みんな独活といえばこのモヤシウドのことと思い込んでいる。その「白さ」が江戸っ子の好みに合ったのだ。

野菜であれ魚介類であれ、日本の食材は季節感が生命……のはずだった。それがいまでは何でも一年中ある。

「食べものの季節感を忘れさせる罪深いものの代表はキュウリとウドだ……」と嘆き

つつも、すぐに続けて「一年中出廻るウドは、もっぱら刺身のケンや薄く切って吸物に浮べ、また、丸むきは煮合せにと重宝がられております」と、懐石名人をうたわれた辻嘉一の『味覚三昧《ざんまい》』にある。

山野に自生する本当の山独活は夏場には茎の高さが二メートルに及び、まるで草というよりは木である。そのくせ簡単にポキンと折れる。だから、「独活の大木、柱にならぬ」と馬鹿《ばか》にされてきた。広辞苑にも「独活の大木――身体ばかりは大きいが、役に立たない人のたとえ」とある。

これは独活に対してあまりにも失礼ないいぐさである。柱になりゃエライのか。だいたい柱が食えるのか。

独活は断じて役立たずどころではない。かの高麗人参《こうらいにんじん》とは親戚《しんせき》筋にあたる植物で、当然それなりの薬効があるという。邪気を去り、熱を冷まし、風邪除《よ》けには独活を食べるに限ると古くから伝えられている。実際、独活の根は古来生薬の一材料で発汗・解熱剤として用いられている。

手足がしびれたときに独活を食すると治るといい、痛風、神経痛、リウマチに悩む人には痛みをとる効用があるとも聞き及ぶ。亡師は晩年、痛風に悩んでいた。発病を聞いてすぐ書生はステッキ探しに銀座から日本橋まで走り回ったが、ステッキと一緒に独活を届ける所まで気が回らなかった。やんぬるかな。

しかし、だ。薬効うんぬんは実は私にはどうでもいい。「身体にいいから」とか「何かに効くから」という理由で飲み食いするものを選別する人間が嫌いだ。好きだから食べる。うまいから食べる。私の選択基準はそれしかない。しみじみうまいなァと思えるものなら毒でも食べたい。

独活が好きでたまらないのは「要するにうまいから」である。たとえモヤシウドでも、名ばかりの土寄せ山独活でも、香りの点では山の本物に遠く及ばないが、歯ざわりのよさにおいてはいい勝負だ。

新鮮なものであれば生で味わうのがいい。皮をむき、適当に庖丁《ほうちょう》し、薄い酢水にしばらくさらしてアクを抜く。抜き過ぎは不可。ほどよいアクはうまさの重要な一部である。これに吟味した塩を振ってかじる。醤油《しょうゆ》をちょっとたらしてもうまいし、むろん、味噌も悪くない。

池波正太郎は蛤《はまぐり》と独活の潮汁《うしおじる》に目がなかった。独活は昔から東京の立川一帯が名産地で、江戸っ子作家が独活好きだったのは当然か。実にうまいものだが、四月も中旬を過ぎると、独活はまだいいとしても、蛤を食べることにはいささか抵抗がある。

「雛祭《ひなまつり》を過ぎたら月見まで蛤を食べるな」

古人のこの戒めが私の頭にこびりついているからだ。旧暦と新暦では約一カ月のズレがあるとはいえ、もうちょいと遅過ぎる。独活だけの簡素な味噌汁《みそしる》で満足するしかない。

近年、自然食ブームのせいか、流通システムが発達したからか、東京のような都会にいても近所のスーパーマーケットで「本物の野生の山独活」に出会うことがある。見つけたらありったけ買占めて帰る。

たまたま今日がそういう幸運の日だった。これをどう味わうか。まず青い葉の先っぽの部分を切り分けて取っておく。茎のところはガスの直火で外皮が真っ黒になるほど焼き、熱いのを我慢して黒焦《くろこ》げの皮をむき、越後《えちご》味噌をつけて頬張る。

先の辻嘉一著『味覚三昧』には「焚火《たきび》に突込んで外皮が黒くなるほど焼き、熱いうちに皮をむいて、辛味噌かキャビヤでもつけていただく旨《うま》さにまさるものはありません」とあるが、うちには焚火もキャビアもないから、これは真似《まね》ができない。だが魚を焼くように焼いて味噌で食べてもほっぺたが落ちる。

取り分けておいた葉っぱの先っぽはどうするか。これは天ぷらに限る。山菜の天ぷらはタラノメがいい、いやコシアブラが一番だ、と多くの人々はいうが、私の好みでは山独活の葉に勝るものはない。まさに山菜天ぷらの王様だ。うちではほとんど天ぷらを揚げないが、山独活だけは山妻に揚げさせる。揚げ立てに佐渡の藻塩でもパラパラと振ってかぶりつけば、もう死んでもいいという気になる。

焼き独活と天ぷらで、ついつい飲み過ぎ、いい心持ちでうつらうつらしていると、山妻がいった。「お父さん、まだこんなに残っている山独活、どうするのよ」

それでハッと目が覚め、それから味噌粕漬《みそかすづけ》に取りかかった。酒粕と味噌を合わせた漬け床に放り込んでおくだけだが、これまた死んでもいいと思うくらいうまい。

一週間後、ちょうど食べ頃の独活味噌粕漬が完成したら、この絶妙の味がわかる奴を招いて一献酌《く》み交わそう。さて、だれがいいだろうか……。

不失花を求めて

陽春四月。花の月。とはいえ東京に棲《す》み暮らす人間にとっては、花見の時期はせいぜい月初めで終わりで、月半ばを過ぎれば桜はもう過去の話題。そういう「時分の花」なればこそ、ほんの数日あるかなしかの見頃に一喜一憂しつつ、日本人は花見に繰り出す。

池波正太郎も花見は欠かさない江戸っ子で、「人の行く裏に道あり花の山」をよしとし、ウイスキーのポケット瓶を携えて、雑踏を離れた裏道の花見を楽しんでいた。

細長い鰻《うなぎ》の寝床の日本だから、東北や北海道まで桜前線の北上を追って旅をすれば、最後は五月初旬までお花見ができる。

もう十数年も前の話だが、酒友五名と語らって、ゴールデンウイーク明けに小樽《おたる》まで遠出して花見をしたことがあった。駅のすぐそばにある市場（たしか三角市場といった）であれこれ肴《さかな》を買い込み、駅前タクシーに乗って「運転手さん、どこかお花見のできるところへ連れて行ってくれ」

連れて行かれたのは海を見下す丘の上の公園で、桜はまさに満開。海は凪《な》いで穏やか。遠くの山には残る雪。あちこちに設けられた無骨な廃材のピクニックテーブルの一つに腰を据え、心ゆくまで花見酒を楽しんだ。

日差しは暖かく、風は快く、その海風に舞ってちらほらと桜の花びらが宴の筵《むしろ》に散ってきた。同行五人がめいめい一本ずつ好きな酒を持参した（むろん四合瓶）のだが、気がつくと、たちまち全部空になっていた。

この次は全員一升瓶持参だなと宴のお開きに決議したが、結局二度目はないままだ。

ながめる桜に呼応するかのようにやって来る桜鯛《さくらだい》。鯛は周年というが、この時季が旬《しゅん》だ。世界広しといえども鯛の姿と味を好むことでは日本人が一番。だから鯛を名乗る魚が百以上もあるという。いうまでもなく大部分は「あやかりタイ」で、本当の〝海魚の王〟とは真鯛のことである。

真鯛は日本海側では新潟以南、太平洋側では千葉以南に漁場があり、ことに名産地として名高いのは明石、鳴門、鞆《とも》の浦《うら》あたりだ。心底「鯛好き」だった亡師は、瀬戸内海の備後灘《びんごなだ》に面した鞆の浦の有名な鯛網の話を何度となく熱っぽく話してくれたものだ。

外海の深場に棲む真鯛が、桜の季節になると産卵のため、瀬戸内の浅い所へ集まってくる。このとき美しい桜色（いわゆる婚姻色）に染まっていることから、桜鯛の美称が生まれた。

花の色は移ろいやすく、桜鯛も産卵後は麦藁鯛《むぎわらだい》とさげすまれる。しかし、これはあくまで瀬戸内海での話で、水温の低い越後《えちご》ではむしろ一カ月遅れの麦藁鯛が最高とされる。所変われば品変わる、だ。

さて……。「花も一時《いっとき》」と諺《ことわざ》にある。花でも人生でも、その盛りはほんの一時。それゆえにこそ「不失花《うせざらんはな》」の心構えが大事と説いたのは世阿弥《ぜあみ》だった。

茶室の掛軸などによく見る不失花の三字一句は世阿弥が遺《のこ》した秘伝書『風姿花伝』から出たものである。世阿弥元清《もときよ》とは能楽の土台を築いた人物で、みずから能役者であると同時に謡曲作者、演出家、劇評家であり、美学者であり、さらには興行主をも兼ねた稀代《きたい》の大天才であったというから、まあ、日本のダ・ヴィンチというべきか。

世阿弥は再三にわたって「花」の大切さを説いた。花とは〝芸術的魅力〟を意味し、能役者は生涯「花の一枝」を持ち続けなければならぬと主張した。

若いうちはだれでも、若さだけが持つ花がある。しかし、それは所詮《しょせん》「時分の花」。若さが失われれば消滅する。「不失花」つまり真の芸術的魅力を身につけて初めて能役者は天下の名人となる。それにはひたすら稽古《けいこ》あるのみ、と世阿弥は説いた。

不失花。いいことばだ。響きもいい。若い頃に何かで読んで知って、我が座右の銘の一つとしている……はずだが、骨身を削るほどの稽古をついつい怠るから、いたずらに馬齢を重ねるのみで花とは無縁。毎晩、飲むことに忙しく、物書きとしての修行はいつもアスタ・マニャーナ（明日になったら……）だ。

「お父さん。あたしにプロポーズするとき、おれはいずれ金屏風《きんびょうぶ》の前で賞をもらう男だといったわよね」

「ああ、いった」

「これは一種の結婚サギじゃないの」

「まだ、そうと決まったわけではない」

「いつになったら約束を果たすの？」

「お前は死ぬまで亭主がフラッシュを浴びる日を夢みていられるのだから、これほどしあわせなことはあるまい」

三百六十五日、拙亭における夫婦酒宴の会話はつねに右の如《ごと》くで打ち止めとなる。

お互い素面《しらふ》ではとてもこんな馬鹿《ばか》話はできない。双方いい心持ちでゴキゲンだから、修羅場にならず、一夜明ければいつもと同じ平和な一日が始まる。すべては酒の功徳《くどく》だ。

朝飯では晩飯に何を食うかが会話の主題となる。女という生きものはそれを考えるのが苦手（というのが池波正太郎の口ぐせだった）。当然、亭主が晩の献立を決め、それに応じて女房が買物に行くことになる。

「そろそろ筍《たけのこ》の旬だな」

「今夜は筍御飯に若竹椀《わん》ですか」

「それに姫皮の梅肉和《あ》えで一杯やる」

「かむろ坂のスーパーじゃ京の朝掘り直送の白子《しろこ》なんて無理だから、渋谷へ出てデパ地下で探してみようかな」

「昔は江戸一番の筍はわが目黒村と決まっていたのにな……」

「この一帯が全部竹林だったのかしら」

「荏原《えばら》の大先生から聞いた話だが、目黒不動の門前町には大正時代まで何軒も筍を名物とする料理屋があったそうだ」

「いまじゃとても信じられないような話ね」

「いい筍がなかったら筍はあきらめて、飛魚を買って来い」

「たたきにして山葵醤油《わさびじょうゆ》ね」

「シンプルに塩焼きでもいい」

「筍やめたら、野菜はどうします？」

「裏にいっぱい蕗《ふき》が生えているだろ」

「あるけど、もう成長し過ぎて、固くてだめなんじゃないかしら……」

「大丈夫。葉っぱも茎も一緒にゆがいて、全部こまかく刻んで水気をしぼって、油炒《いた》めにすればいい。味は酒と醤油で調える」

「お父さんが作ってくれるのね」

「まかせとけ」

「ついでに、きゃらぶきも作ってね」

「まかせとけ」

薫風自南来　食卓も更衣を

軽やかな南風に青葉がそよぐ。それが陽光にきらきらと映じて、青い嵐《あらし》のように感じられるという五月。嵐雪《らんせつ》の一句にこうある。

「青嵐《あおあらし》さだまる時や苗のいろ」

早苗《さなえ》を植える季節であることから早苗月。それが転じて皐月《さつき》になったとか。また、別名を吹雪月。これは盛りの卯《う》の花《はな》を吹雪に見立てての風流で、料理屋の献立では酒落《しゃれ》て吹喜月と書いたりする。

青葉の香りを漂わせて心地よい初夏の風を薫風《くんぷう》という。薫風は夏の予告である。茶家では風薫る五月を待って万事よそおいを夏のそれに替える。

前年十一月から親しんできた炉をふさぎ、その跡が半畳だけ青い茶室に風炉《ふろ》を据《す》えて初めて催す茶事が初風炉《しょぶろ》。

茶席は小間よりも四畳半、あるいは六畳の広さがふさわしい。茶花は炉花から軽やかな風炉花に。釜《かま》は小振りの風炉釜に。香合は陶磁器からぬりものや一閑張《いっかんばり》、木地、籠地《かごじ》などに。主役の茶盌《ちゃわん》も、重くて深いものから、軽くて浅めのものに。すべて、さわやかな初夏の開放感を打ち出すことが眼目で、この茶事の約束事はそのまま酒事にも通じる。いや、気分よく酒を酌《く》もうと思ったら、季節感の演出は酒席においてなお一層重要である。

せっかく風が気持ちよい季節になったのだから、窓や戸障子を開け放ち、ひろびろした感じの席に薫風を吹き込ませる。これがこの月のもてなしの基本だ。

その昔は宮中でも民間でも、陰暦四月朔日《ついたち》に衣《ころも》を更《か》えるのが習わしだった。俳諧《はいかい》では単に「更衣《ころもがえ》」といえば四月一日のことで、秋の十月一日は「後《のち》の更衣」という。

生活様式が変化し、ファッションは個性の主張とやらで真冬に半袖《はんそで》やTシャツ、真夏にクーラーのきいた部屋で毛皮でも、めいめい勝手。そういうご時世ではあるが、日本人らしい暮らしを楽しもうと思うなら、やはり「和の伝統」は大事にすべきで、更衣も一つの楽しみとしてちゃんと守ったほうがいい。

私は三百六十五日作務衣《さむえ》で通している人間だが、そんな私でも初風炉の月からは紬《つむぎ》の袷《あわせ》やウール仕立ての作務衣はクリーニングに出し、久留米絣《くるめがすり》や越後《えちご》上布のそれに替える。

わが家では、もう一つ、食卓のころもがえも必ず初夏と秋口にする。着るものと違って、こちらは結構大仕事だ。池波正太郎の名台詞《ぜりふ》を借りれば「黙っていると女房という生きものはすぐ手を抜きかねない」から、督励してやらせる必要があるが、その代わりに、亭主としても器運びや食器棚の整理に協力する。

四十年前、所帯を持ったときにカミサンと協定を結んだ。どんなに貧乏をしても食卓だけは目一杯に贅沢《ぜいたく》をしよう、と。つまり、酒と食いものとやきものに金を惜しまないということである。その結果、わが家のやきもの（九割九分が食器と酒器）の質と量は、たいていの料理屋を超えている……と自負している。たとえば片口《かたくち》だけでもやきもの、ぬりもの大小併せて三、四十個はあるだろう。

そういう器類の冬ものをかたづけ、夏ものによそおいを一新するとなると、まず三日はかかる。それを仕事だと思うとうんざりするが、うまい酒を飲み、うまいものを食うための楽しい準備と思えばなんでもない。

さわさわと青葉を渡ってくる薫風の中で何とか食卓の更衣を済ませれば、たとえ変哲もない女房の手料理であっても、晩酌の気分のさわやかさは格別である。

薫風ということばの出どころは、有名な唐詩だ。唐の文宗皇帝《ぶんそう》（在位八二六〜八四〇）は文宗と名のるだけあってみずから詩をよくし、ある初夏の一日、こう詠じた。

人皆苦炎熱（人ハ皆炎熱ニ苦シムモ）
我愛夏日長（我ハ夏日ノ長キヲ愛ス）

ちょうどその場に居あわせたのが文人・柳公権《りゅうこうけん》で、文宗の前句を承《う》けて後段の二句をすかさず発し、五言絶句を完成させた。

薫風自南来（薫風南ヨリ来《キタ》リ）
殿閣生微涼（殿閣微涼ヲ生ズ）

何しろ皇帝が作った詩だからというので、たちまち大いにもてはやされ、以来、名吟として広く世に愛誦《あいしょう》されることになる。

さて……。

それから二百余年後の宋代に、かの大詩人、蘇東坡《そとうば》が、当時の上流社会に対する痛烈な風刺の意味をこめて、先の詩にさらに四句をつけた。

一為居所移（一タビ居ノ為ニ移サレテ）
苦楽永相忘（苦楽永ク相忘ル）
願言均此施（願ワクハ言ハン、此《コ》ノ施《ホドコ》シヲ均《ヒト》シクシテ）
清陰分四方（清陰ヲ四方ニ分カタンコトヲ）

すなわち、皇帝陛下は立派な宮殿で安楽に暮らしておられるので「夏日の長きを愛す」なんぞとおっしゃるが、天下万民は炎天下で四苦八苦。どうか薫風によって微涼生ずという佳境を万民が平等に味わえるように願いたい……という皮肉である。

この東坡先生の追吟によって「薫風自南来」は一段と有名になったという。この時季、茶席の軸によくこの一行を見る。見るたびに文宗と柳公権と蘇東坡の話を思い出す。

薫風の季節に欠かせない口福といえば文句なしに松魚《かつお》だ。「目には青葉山郭公《ほととぎす》初松魚」である。あまりにも広く人口に膾炙《かいしゃ》した山口素堂《そどう》の一句によって、ホトトギスとカツオは切っても切れない間柄になった。それで江戸川柳では、「聞いたかと問はれて食つたかと答へ」ということになる。

風薫る時候、江戸では「聞いたか」といえば時鳥《ほととぎす》、「食ったか」といえば初鰹《はつがつお》に決まっていた。これをいちいち「何のことだい」と聞き直すようでは話にならない。初鰹に目の色を変えた江戸っ子の様子は当時の川柳によく出ている。

「初鰹女房に小一年いはれ」

女房を質に置いても食べるとなれば当然のことで、女房は女房で強情を張って、

「意地づくで女房鰹をなめもせず」

こうなると亭主のほうも勢いで、

「そのつらで芥子《からし》をかけと亭主言ひ」

鰹の刺身は、古くは溶き芥子が定法。仏頂面《ぶっちょうづら》で怒りまかせにかいた芥子ぐらいよく効くものはない。

亡師・池波正太郎は江戸っ子作家だから当然ながら鰹に目がなかった。

「鰹のタタキも悪くはないが、私には、やはり刺身がよい。そしてまた、鰹の刺身ほど、初夏の匂《にお》いを運んでくれる魚はない」

と、『味と映画の歳時記』にある。

「おばんざい」は自分で作れ

青嵐《あおあらし》ということばが好きだ。青葉の頃に吹き渡る爽《さわ》やかな、やや強い南風である。薫風《くんぷう》も似たような季語だが、これは語感としては青嵐より弱い、やわらかい風だ。

連休の間に三日がかりでようやく食卓の更衣《ころもがえ》を終えた。日本のやきものにはちゃんと季節がある。せっかくその日本に生まれながら一年中夏冬問わず同じ茶碗《ちゃわん》で飯を食い、同じグイ呑《のみ》で酒を飲むのは馬鹿《ばか》気《げ》ている……と思うからで、これはもてなしのためというよりも自分のためだ。

贅沢《ぜいたく》をしようとは思わない（思ってもできない）が、同じ手料理でも器一つで随分と味も気分も変わる。どうせ飲み食いするなら気分よく、と思えばこその食卓の更衣である。

久しぶりに裏庭の山椒《さんしょう》を見ると、あっという間に新芽は青葉に育って、これはもう木ノ芽としては使えそうもない。どっちみち、懐石では木ノ芽を用いるのは雛《ひな》料理から四月の炉の名残《なご》りまでとの約束があり、五月からは使ってはならぬと決まっている。

懐石にはさまざまな約束事がある。それはともすれば煩瑣《はんさ》な形式のように思われがちだが、実はきわめて合理的な知恵であり、無理や無駄を省き去った末の様式美であり、そこには水が流れるような自然さがある――と、茶湯《ちゃのゆ》や懐石を勉強するにつれて、少しずつながらわかってきた。

懐石で木ノ芽は四月一杯と決めているのは何よりも季節感を大切にするからである。当節は人工的な栽培で一年中木ノ芽があり、夏祭りでも紅葉の候でも平気で木ノ芽を使う料理屋が少なくない。情けない話だ。

木ノ芽の代わりに、五月初めは花山椒がある。しかし、花山椒の時期は非常に短くて、せいぜい一週間から十日。それも木ノ芽ほどたくさん採れず、貧乏書生には値段が高過ぎてとても買えない。一度気張って京都の錦小路《にしきこうじ》から取り寄せたことがあったが、その値段に仰天し、それ一回でおしまいだ。

花山椒の後に、しばらくすると実山椒が出てくる。これは毎年、京都と伊賀から友人に頼んで一年分をドバーッと送ってもらう。

青い実山椒は昆布《こぶ》と一緒に煮て保存食にすると、ぴりっと舌にくる独特の辛味と香りがたまらないが、拙亭の場合、目的は別のところにある。「ちりめん山椒」を作るための実山椒だ。いわずと知れた京名物で、若い頃は京都へ旅するたびに買い込んだものだが、あるとき「おばんざい」名人をうたわれる祇園《ぎおん》のお茶屋のおかあさんにいわれた。

「おばんざいは本来、お金払うて買うものやない。うちで自分で作るものや」

東京でいうところの惣菜《そうざい》を京都ではおばんざいという。漢字をあてれば御番菜。番には「常用の、粗末な」という意味がある。番茶や番傘がその好例だ。

おばんざいは早い話が台所向きの安くあがるおかずである。しかし、身近にある安い材料を使いながら、京のおばんざいの味の見事なこと。金はかけない代わりに手間ひまを惜しまず、一度食べたら忘れられない味に仕上げる——それが京女の誇りとおかあさんに教わった。それ以来、大好物のちりめん山椒は自分で作るようになった。

おばんざいと称しながら売っている京土産のちりめん山椒は決して安くない。それでも「恐れ入りました」と脱帽するほどの味ならまァ腹も立たないが、実際に自分で作ってみると、自家製ちりめん山椒のほうがはるかにうまい。

青い実山椒がクール便で届くと、何もかも放り出して実の掃除をする。つまり、実についている細い枝を丹念に取りはずすのだ。これが実に面倒臭いが、うまいちりめん山椒を食べたい一心で何とか我慢する。

小さな青い実だけになったら、すぐさま熱湯でさっとゆでる。ゆでるというより、一瞬くぐらせるだけである。これをざるに広げて冷まし、冷めたら小分けして冷凍する。

こうしておけば、いつでもすぐにちりめん山椒を作ることができる。作り方は簡単だ。大きなフライパンか中華鍋《なべ》にたっぷりと酒を入れ、細かく刻んだ生姜《しょうが》と鷹《たか》の爪《つめ》を入れて煮立てる。そこへちりめんじゃこを投げ込み、汁気がなくなるまで最初は強火、焦《こ》げつきそうになってきたら弱火にして、根気よく煎《い》りつける。

最初にどのくらい酒を入れるかといえば、ちりめんじゃこ全部がイイ気持ちになって酔っぱらうぐらい……というしかない。いちいち計量して料理をしたことはない。一回に六百か七百グラムのちりめんじゃこを炊《た》くとして酒は三合ぐらいか。いや、四合か。

酒はむろん普段自分が飲んでいる酒だ。料理酒と称する自分が飲まない安酒では、ちりめんじゃこに対して申しわけない。

酒っ気がなくなって、香ばしい匂いがしてくるまで煎ったら、濃口醤油《しょうゆ》と淡口《うすくち》とで好みの色・味に調味する。火を止めて、粗熱が取れるまで待ってから、青い実山椒をこれでもかというほど加えて混ぜ、これをざるに薄く広げてゆっくりと乾燥させる。これだけのことである。難しい技は何もいらない。乾燥のしかたは好みでいい。パリパリに干し上げたのもうまいし、しっとり感が残っているのもまたうまい。拙亭流のちりめん山椒は実山椒の「青さ」が自慢だ。市販のどこのちりめん山椒より青さが生き生きと際立《きわだ》っている（と、当人は思っている）。

ちりめん山椒を常備しておくと、とりあえずこれで酒が飲めるし、温かい飯にも、お茶漬けにも合う。チャーハンにも悪くない。あるとき、亡師のお供をして秩父の山中へ日帰りの小旅行をした。昼飯を食べる所を見つけるのに苦労すると思い、手製のちりめん山椒のおにぎりを持参した。「うむ、これはいい」と池波正太郎にほめられた。そのうれしさが忘れられなくて、ちりめん山椒作りをやめられないのかもしれない。

今年もそろそろ青い実山椒が届く頃だ。まだ未熟の、芯《しん》が黒くなる前の若い実山椒のうちに送れと、明日京都と伊賀へ電話しよう。

「江戸前」は日本中にあっていい

目には青葉の好季節。拙亭の小さな庭に卯《う》の花《はな》が匂《にお》っている。日本中ほとんどどこにでも自生する落葉低木で、大きな枝が中空になっているので空木花《うつぎのはな》、それが縮まって「うのはな」になったそうな。

陰暦四月（いまの五月）は卯の花の盛りということで卯月《うづき》と呼ばれたが、せっかくの卯の花を腐らせるように降る雨を、昔の人は風流に「卯の花腐《くた》し」と呼んだ。雨を季節により、降り方により、一つ一つ名前をつけて呼び分けてきた日本人の自然観照の繊細さは、恐らく世界に類を見ないだろう。

五月も末の頃、三日も雨がやまなかったら、おや、今年はもう梅雨かと思う。この雨、たいていは一度すっきりと上がって、しばらくは晴れが続く。なんだ、まだ梅雨じゃなかったんだ……と安心していると、何日もしないうちに本格の梅雨に入る。それで、梅雨を予告するこの雨を「走り梅雨」と呼ぶ。

魚や野菜に「走り」があるように、梅雨にさえも「走りもの」があるのが日本だ。梅雨も走りのうちはまだ風流がっていられるが、六月も十日を過ぎて梅雨本番になると、さすがに鬱陶《うっとう》しい。

梅の実が黄熟する時期に降るので梅雨《ばいう》といい、物みな黴《かび》を生じることから黴雨《ばいう》と書いたりもする。じっとり蒸し暑い日があるかと思えば、妙に肌寒い梅雨寒《つゆざむ》、梅雨冷《つゆびえ》もあったりで過ごしにくいことおびただしく、酒一つでも冷やで行くか、ヌル燗《かん》かと悩ましい。

まァ、食べるものは色々ある。海の幸なら鰹《かつお》はもう終わりにしても、鱸《すずき》が旬《しゅん》を迎えるし、烏賊《いか》ならヤリイカ、アオリイカ、スミイカ。鯵《あじ》もいよいよこれからだ。それに真子鰈《まこがれい》。大分県日出《ひじ》が「城下鰈《しろした》」の名で天下一品を誇るのも実は真子鰈だ。

日出はその昔、藩主木下氏の居城が別府湾に影を落とす城下町だった。いまは石垣を遺《のこ》すのみの城跡のすぐ下あたりの海中に、淡水の湧《わ》くところがあり、この汽水に集まる鰈の味が出色である。

随分前の話だが一度だけ日出まで城下鰈を食べに行ったことがあった。白い身を薄造りにし、肝を醬油《しょうゆ》に溶き入れ、もみじおろしと刻み葱《ねぎ》を薬味として食べる。淡白なようで、ねっとりと舌にまとわりつく濃厚さ……あの味はいまも舌に残っている。しかし、日出は遠い。大分空港への往復飛行機賃を考えると、城下鰈は所詮《しょせん》夢に見るだけである。それに、もともとは、江戸前の真子鰈が最上級の本場物だったのだ。東京でもちゃんとした鮨屋《すしや》へ行けば真子鰈が好きなだけ食べられる……と、これはゴマメの歯ぎしりというものか。

初夏の口福を鮨屋で楽しむなら、蝦蛄《しゃこ》を忘れるわけにいかない。口脚目シャコ科の姿かたちはどう見ても奇怪というしかない生きものである。エビやカニの親類筋にあたり、味も確かにエビのようでもあり、カニのようでもある。

アシの早い蝦蛄は、漁《と》れるとすぐ塩ゆでにするのが定法。漁港の市場食堂で、殻をむきながらゆでたてにかぶりつくと、エビやカニよりうまいんじゃないかと思う。しかし、鮨屋では脚を切り取り、殻も全部はがして身だけになっているのが普通で、蝦蛄の本当の姿は見たこともない人が多かろう。パッと見にはグロテスクかもしれないが、偏見なしによくよく見れば、これはこれでなかなか美しいと弁護しておこう。

こと蝦蛄に関しては、だれが何といおうと東京湾の小柴に揚がる江戸前の蝦蛄が日本一と相場が決まっている。これは私がいっているのではなく、東京でも指折りの鮨屋の親方の台詞《せりふ》だ。

鮨屋での作法は、池波正太郎にきっちり仕込まれた。その要諦《ようたい》は「通ぶらないこと」に尽きる。飯のことをシャリとか、お茶をアガリとか、ああいう鮨屋仲間の隠語を客が使うほどみっともないことはない、と厳しく戒められた。

初めて亡師に連れて行ってもらって以来、私が三十年通い続けている「銀座新富寿し」は新子《しんこ》・小鰭《こはだ》で名代の老舗《しにせ》だが、蝦蛄も滅法うまい。塩ゆでをそのまま握るのではなく、きっちりと江戸前ならではの仕事がしてある。素人《しろうと》の私には細かいことはわからないが、独自の汁に漬け込んで、味を含ませてあるのだ（と、思う）。

蝦蛄は初夏に卵を持つ。産卵直前の腹に一本、固い棒状の卵巣を抱えている雌の蝦蛄が私の大好物である。むろん、雄は雄なりにうまくて、山葵《わさび》醬油で味わうならむしろ雄だが、この時季に蝦蛄を食べるなら、私は絶対カツブシを抱いた雌だ。

通称カツブシの卵巣はほっくりした風味がたまらず、そのうまさを余すところなく引き出すのが「漬け込み」という仕事である。その一仕事で塩ゆでとはまた一味も二味も違う美味に変貌《へんぼう》する。これが江戸前の職人技だ。

そもそも「江戸前」とは、文字通り「江戸城の前の海」の意だった。古典落語で名高い芝浜に揚がる魚介類が江戸前というブランドになったのは、それなりの理由がある。

「往時、江戸湾の水は独特の水質だった。隅田川、江戸川、神田川、多摩川などが流れ込み、海水と混じり合って汽水になっていたわけで、日出の城下鰈を育《はぐく》んだ水と同じだ。当然、そこに棲息《せいそく》する魚介類の味も格別だった。その格別な味を江戸前と誇ったんだよ」

と、池波正太郎から聞いた。

時代が移り変わり、江戸前の意味も変わった。いまや東京近海物ばかりが江戸前ではない。日本中、北は北海道から南は長崎、鹿児島産でも江戸前、それどころか地球上のどこで漁れた魚でも江戸前で通る。江戸前と呼ぶに値するだけの仕事がしてあれば、だ。

もはや江戸前とは食材の産地のことではない。その時季、その日に入手し得る最高の自然の恵みをどう生かすか、この一事にすべてをかけて仕事をする職人の潔《いさぎよ》い生き方そのものを江戸前という——これが私の持論だ。

自分自身に恥ずかしくない仕事をしなくては気が済まない。自分が納得できる仕事でありさえすれば、他人様《ひとさま》からの評価など二の次、三の次。そういう職人魂こそが江戸前ということばの真意とすれば、日本全国のどんな食いもの商売屋にも江戸前はあり得る。あってもらいたい。

三、食道楽「夏」の部

鮎なくして水無月なし

雪国育ちであり、スキー狂だったから、たいていの寒さには慣れているが、暑さには弱い。五月くらいまでは何とか辛抱できるが、六月に入ると日ごとに元気がなくなり、月半ばを過ぎると、もう、いけない。

初夏から夏への曲がり角。六月ぐらい中途半端でつきあいにくい月はなかろう……と、晩酌をしながら毎晩思う。Tシャツ一枚でも汗ばむ日があるかと思えば、梅雨に入ると妙に肌寒い日があったりして、冷やがいいのか、いっそヌル燗《かん》がいいのか、悩ましい。

飲むこと食うことにしか関心がないグータラ書生としては、この時期は口福を探すのにも苦労する。

まァ、鮎《あゆ》の季節だから、とりあえず鮎の塩焼きと鮎飯があれば一晩はしあわせな気分になれる。水無月《みなづき》の口福の最たるものは鮎かもしれない。

日本中の清流沿いで鮎自慢がかまびすしい時候。考えてみれば随分あちこちで、ご当地自慢の鮎を食べてきた。場所により川によって微妙に異なる鮎の味。釣りたてを河原で塩焼きにして食べれば、どこの鮎もうまい。

岩国の錦川《にしきがわ》の鮎。越後《えちご》の魚野川《うおのがわ》の鮎。郡上八幡《ぐじょうはちまん》の長良川上流の鮎。岐阜の鵜飼《うかい》の鮎。越中は庄川の鮎。四万十川《しまんとがわ》の、これが鮎かと思うような巨大な鮎も食べた。京都の上桂川と由良川《ゆらがわ》の鮎もうまかった。伊豆の狩野川の鮎も毎年のように食べている。

六月になると、全国各地のそれぞれの川の鮎の味が、土地の景色や人の記憶と共に甦《よみがえ》ってくる。どれもこれも忘れ難い味だ。

京都の高名な陶芸家父子が大の鮎釣りフリークで、一度、この父子に誘われて安曇川《あどがわ》上流の鮎釣りに同行したことがある。もう二十数年も前の話だ。私は半日、清流に冷やした越後吟醸を飲みながら、父子競演の竿《さお》さばきをながめていただけだ。あの日の酒と鮎が恐らく私が味わった最上のものだろう。

鮎料理も結構色々あって、この季節に鮎自慢の宿に泊まったりしようものなら、これでもかというほどの鮎尽くしに責められる。私はこれが苦手だ。大体、どんなにうまいものでもナニナニ尽くしには閉口する。

鮎については、塩焼きの他には、せいぜい甘露煮、それに鮎飯さえあればいい。むろん、突出しに鮎のうるかは欲しいが……。

東京から関越自動車道で小一時間、荒川の上流に寄居《よりい》という鄙《ひな》びた町がある。そこからさらに上流の長瀞《ながとろ》は昔から景勝地として知られ、夏場は観光客が押しかけるが、寄居へはだれも来ない。

奥秩父に源を発する荒川は、長瀞を過ぎて寄居まで来ると大きく迂回《うかい》しながら一気に川幅をひろげ、玉淀《たまよど》と呼ばれる美観を生む。ここは桜が見事だから、花の時季だけは多少人が集まるが、その他の季節は閑散としている。もともと玉淀は武州鉢形《はちがた》城として知られる戦国時代の要衝だった。

切り立った断崖《だんがい》の南側が鉢形城址《じょうし》で、かつて北条氏邦《うじくに》が秀吉軍三万五千の大敵を迎えて籠城《ろうじょう》し、わずか三千の城兵で一カ月余を持ちこたえた名城である。いま城趾は森林公園になっていて、城の名残は地形から察するしかない。

一番高い所にあったという本丸跡から、笹曲輪《ささくるわ》、二の丸、三の丸などを歩くと、(なるほど、これが豊臣勢を手こずらせた堅城だったのか……)と、実感が湧《わ》く。

本丸跡に田山花袋《かたい》の五言絶句を刻んだ碑がある。「襟帯山河好　雄視関八州　古城

跡空在　一水尚東流」。たったこれだけの詩句に武州鉢形城の歴史と現在を詠《よ》み込んで余す所がないのだから、昔の文人は大したものだ。

この鉢形城址から川向こうを見おろすと、正面に「京亭」という小さな宿がある。見た目には風流人の別荘である。それもそのはずで、京亭はもとはといえば旅館ではなく、「祇園小唄《ぎおんこうた》」の作曲者として不朽の名を残す佐々紅華《さっさこうか》の晩年の棲《す》み家《か》だった。いま、ここで、紅華の養女であった佐々靫江《さっさゆきえ》が、板場を引き受ける実弟と共に、およそ商売気のない「鮎飯の宿」を営む。わが亡師が、「武州鉢形城を舞台にした小説を書く。あのあたりをロケハンしたい。ついては一泊の宿を探せ」と私に命じ、寄居町役場に泣きついて教えてもらった宿だ。ちなみに、そのロケハンの結果は、『忍びの旗』という忍者物の傑作として新潮文庫に残っている。

池波正太郎は滅法この京亭が気に入って、「こういう小さな宿は宣伝してはいけない。京亭のことは決して書くなよ」と私に厳命しておきながら、自分で「こんな素晴らしい宿がある。ここの鮎飯は江戸時代の鮎飯そのものだ」と、書いてしまった。おかげでいまは〝池波正太郎がぞっこん惚《ほ》れ込んだ鮎の宿〟として有名になり、食べるのも、泊まるのも、予約を取るのが大変になっているようだ。

亡師によれば、鮎飯は江戸時代、多摩川べりにも何軒かこれを売りものとする店があったという。東京の多摩川もそれほどの清流だったということだ。醤油《しょうゆ》の淡味《うすあじ》をつけて仕込んだ米に、内臓《わた》だけ取って姿のままの鮎を並べ、土鍋《どなべ》か鉄鍋で炊《た》き上げる。それだけの簡素なものである。

食卓へ女将の靫江みずから鍋ごと持ち出し、客の眼前で箸《はし》さばきも巧みに鮎の頭や中骨をきれいに取り除き、飯の中に残った魚肉を細かく突きくずし、刻んだ浅葱《あさつき》と青じそをたっぷりと混ぜ込んで、「さあ、どうぞ」

食べる前からその香りがたまらない熱々の鮎飯を頬張ると、さすが香魚といわれるだけに生臭みがまったくなく、いやもう、そのうまいこと、うまいこと。

京亭で鮎飯を食べるときは、つい酒を飲むことさえ忘れてしまう。鮎飯の凄《すご》さは、翌日冷たくなってもますますうまい、というところにある。泊まったときは、「明日の朝はまた、この鮎飯の残りを食べるから、他に何もいらないよ」といって寝るのだが、深更、酔いざめの千両水が欲しくて起きると、つい、そこにある鮎飯に手が出て、結局、朝飯を何とかよろしくということになる。

鮎雑炊、鮎ラーメンも悪くはないが、やはり鮎は鮎飯。何年も通って京亭直伝のその作り方はマスターしたから、うちでいつでも鮎飯はできる。ただ、鮎飯にしたいような鮎がなかなか手に入らないのが悩みだ。いつぞや荏原《えばら》へ行ったとき、その話をすると、池波正太郎は笑いながらいった。

「だから京亭があるんだよ。鮎飯が食べたくなったら、行ってやれ」

三盃通大道　一斗合自然

六月から七月初めにかけては、例年、梅雨《つゆ》の最中《さなか》。あまりうれしい時季ではない。
しかし、遠州流を興《おこ》した茶人・小堀遠州の歌に、

星一つ見つけたる夜のうれしさは
　月にもまさる五月雨《さみだれ》の空

こういう心のゆとりがあれば、梅雨にもそれなりの楽しみがあろうというものだ。凡人にはなかなか難しいが。せいぜい、雨に濡《ぬ》れた紫陽花《あじさい》を肴《さかな》に一杯やりつつ、好きな本を開き、読むというより、ただぼんやりながめている……これなら私にもできる。

こういうときには『中華飲酒詩選』がもってこいだ。青木正児《まさる》という文人学者（京大教授で中国文学の泰斗だった）が酒にまつわる漢詩の名作を集めて解説したもので、わが座右の一書として年に百回は読む。

二十数年前からの愛読書で、これを三日に一遍も手にすれば、好きな詩の大半はすっかり暗記してしまっている。だから旅先で色紙に一筆をと（何かの間違いで）頼まれても、その詩のどれか一つを書けば、たいてい感心してもらえる。

一番好きなのは李白だ。何しろこの唐代の大詩人、生来の飲んだくれだった。蜀《しょく》の彰明県青蓮郷（四川省）に生まれ、六十二歳で卒するまで終生酒一色だった（西暦七〇一～七六二）。だが、単なる酒飲みではない。「李白一斗詩百篇」と称《たた》えられ、酔うにまかせて名詩を次から次へと生み出した。

その詩作が目にとまって、かの玄宗《げんそう》皇帝に召し出され、四十二歳にして翰林院供奉《かんりんいんぐぶ》となり、皇帝の寵愛《ちょうあい》をほしいままにした。翰林院とは皇帝直属の文章処《どころ》だ。しかし宮中でおとなしく皇帝の機嫌をうかがっている李白ではない。つねに酒家に入りびたりで沈酔する日々だった。

あるとき、酒宴の席で、玄宗お気に入りの宦官《かんがん》・高力士《こうりきし》に恥をかかせたのがもとで楊貴妃《ようきひ》の心証をそこね、出世の道を絶たれて野に下る。後年、事に座して追放されたのが五十八歳のとき。中傷による無実と判明し赦《ゆる》されてからも俗流と相容《あいい》れず、死ぬまで放浪を続けて旅に没した。私が理想とする人生だ。

物事に執着しない楽天的性格の天才詩人であったが、長い放浪苦悩の生活体験が作品に多彩な変化を与え、飄逸《ひょういつ》でしかも深い味わいを蔵している……これが李白への後世の評価である。

そういう専門的なことは私にはわからないが、とにかく李白の詩が好きで好きでたまらない。とくに「月下独酌」と題する四首が好きで、その第二首の一節にある「三盃通大道　一斗合自然」が私の座右の銘になっている。かなり長い詩だが、それを勝手に意訳すれば——天に酒星があり、地に酒泉がある。天地が酒を好む以上は、酒好きを天に恥じる必要はない。昔の人は清酒を聖人と呼び、濁酒を賢人に喩《たと》えたという。聖賢を併せ飲むからには、何もわざわざ神仙にすがるには及ばない。三盃で大道に通じ、一斗で自然に合体する。ひたすら飲んで酒中の趣を解すべし。酒を飲まない奴《やつ》らとは口をきくな——

これが酒のありがたさだ。親鸞《しんらん》の南無阿弥陀仏《なむあみだぶつ》より、私は三盃通大道がいい。一斗合自然がいい。毎日気持ちよく飲んでさえいれば成仏《じょうぶつ》できるとあらば、飲むしかあるまい。

三盃通大道　一斗合自然

これを教えてくれたのは越後《えちご》の造り酒屋の爺《じい》さまだった。縁あって蔵を訪ね、さし向かいで飲んだとき、爺さまは私にいった。

「男は三単位じゃ。三単位飲まなきゃ男とはいえん。さ、どうぞ。まだ一単位じゃ……」

その一単位とは何と三時間なのだ。私は敢《あえ》なく二単位で沈没し、すごすごと帰京して詫《わ》び状を書いた。爺さまの返事はこうだった。

「気にしない、気にしない。三盃通大道、一斗合自然というじゃないですか。あのとき、あんたは自然と合体しとった。呵々《かか》」

地酒ブームの先駆けとなり、「越後に淡麗辛口の美酒あり」と天下に知らしめた爺さまは、とうの昔に亡《な》く、いまは孫が蔵元になっている。思い返せば、あれはもう三十年近くも前の話だ。げに光陰矢の如《ごと》し。

さて……水無月《みなづき》二十一日はたいてい夏至で一年中で一番昼の時間が長い。たまたま、その日に生まれた人間が、どうしてこうも昼夜あべこべの夜型なのか、これは当人にもわからない。

いまも、時計を見れば午前四時。すでに白々明けの感だ。このあと、一文をどうしめくくるかに悩みつつも、実のところ、頭の大半を占めているのは（さて、きょうは何を食おうか……）、この大問題である。

六月はとくに食材に恵まれている月とはいい難い。川には鮎《あゆ》、海には鮑《あわび》だが、それ以外に何があるか。鶏魚《いさき》。鱚《きす》。黄肌《きわだ》。果物には枇杷《びわ》や佐藤錦《さとうにしき》が出てくるが、それで酒は飲めない。そうだ、瓜《うり》がある。越瓜《しろうり》がいよいよ旬《しゅん》を迎える。いまは発音通り白瓜とも書くが、私は越瓜でないとどうも気分が出ない。

亡師・池波正太郎は大の越瓜好きだった。「夏の野菜で、子供のころから大好きだったのは白瓜だ。白瓜は、奈良漬の花形である。香気も味わいも淡いのだが、その歯ごたえのよさ、さわやかさは夏の香の物としても花形だろう。私には胡瓜《きゅうり》よりも白瓜だ。どういうわけか、子供のころの私は、薄打ちにして塩もみにした白瓜を、たっぷりとバターを塗ったパンの間へはさみ、白瓜のサンドイッチにして食べるのが大好きだった」

と、エッセイに書いてある。

越瓜のサンドイッチとはユニークだ。英国の上流階級は、お茶の時間に、小さなひとくちサイズの胡瓜のサンドイッチを食べる。まあ、あれに似たようなものだろうと思うが、私はまだ越瓜のサンドイッチは試したことがない。

拙亭では、越瓜は糠漬《ぬかづけ》が日常的な食べ方だが、たまには雷干しも作る。雷干しは越瓜の両端を切り落とし、外皮をごく薄くむき、太目の箸《はし》二、三本を突っ込んでグリグリ回して種を抜く。その箸を芯《しん》にしたまま斜めに庖丁《ほうちょう》を入れ、瓜を回転させると、長くつながった螺旋《らせん》状になる。これをしばらく塩水に漬け、二時間ほど陰干しにした後、食べやすい大きさに切って、三杯酢と花かつおで食べる。

なぜ雷干しというか。コリコリとした歯ざわりが楽しい〝音の美味〟だからだそうな。

池波正太郎はこの雷干しも大好物だった。祖母が作ってくれた雷干しの美味《おい》しさを『味と映画の歳時記』の中で楽しそうに語っている。江戸時代には、これを夏の名物にした一流料亭もあったんだよ、と。

胡瓜　青紫蘇　鰺　冷や汁

自分が生まれた月だから水無月《みなづき》をあまり悪くもいえないが、どうも中途半端な月で、この月を毎日気分よく飲んで過ごせる人は少なかろう。暑さがわずらわしい日が次第にふえてくるが、そのくせ梅雨寒の夜もあったりして、どうにもしのぎにくい。

梅雨の季節から残暑の候までを何とか快適に暮らしたい一心で、昔から日本人は色々と知恵を働かせてきた。住まいにしても大体が夏場向きにできている。そういう日本の風土に合った住まいがいま超贅沢品《ぜいたくひん》になってしまって、コンクリートの箱が当たり前のご時勢では、夏場を気分よく過ごそうというのがそもそも無理な相談か。

仕方がないから、せっせとシャワーを浴びたり風呂《ふろ》に入ったりする。それも自宅《うち》の風呂にはない開放感に惹《ひ》かれて銭湯へ行くことが多い。さいわい歩いて二、三分の近くに一軒ある。夕方四時頃に行けば貸切り同然で、ちょっとした温泉気分。これだけは物書きと称する無職渡世人の特権である（呵々《かか》）。

さっぱりと汗を流し、糊《のり》のきいた浴衣《ゆかた》に着替え、とりあえず胡瓜揉《きゅうりも》みで冷えた吟醸酒を一杯……ということになれば、まァ日本の夏も捨てたものではないな、と思ったりする。

胡瓜の日本渡来はかなり古いようで、平安朝の文献に早くもその名がある。当時は綾瓜《あやうり》、また唐瓜などと呼んでいたらしい。いまでは一年中いつでも胡瓜がある。しかし、六月から八月にかけて太陽の直射を浴びて育ったのが本当の胡瓜で、あとは私の独断と偏見でいえば「形が胡瓜のように見えるだけ」である。

私が子供の頃は、隣家が胡瓜揉みを作ればすぐにわかった。いまはデパートの食堂の合い席で目の前の客が胡瓜揉みを食べていても、香りがしてこない。

三百六十五日スーパーの店頭に胡瓜が並んでいるのが「文明」である。夏場しか食べられない代わりに胡瓜に何ともいえない香りがあったのが「文化」である。悪貨は良貨を、文明は文化を駆逐する。

瓜売りが瓜売りにきて瓜売れず

売り売り帰る瓜売りの声

そんなことば遊びがあった。〝瓜天国〟の日本なればこそだろう。胡瓜の他に思いつくまま挙げれば、越瓜、南瓜、西瓜、甜瓜、苦瓜、糸瓜、冬瓜、隼人瓜……。当節の大学生にこれが全部ちゃんと読めるだろうか、などというと年寄りのイヤミになるからやめておこう。

胡瓜揉みには、池波流に青紫蘇《あおじそ》を刻んで軽く塩で揉んだ後、一度洗って堅くしぼったのを混ぜると、一段と風味が加わってうまい。青紫蘇もいよいよこの月から露地物が出回ってくる。最近では青紫蘇といわずに大葉ということになったらしいが、呼び名が大葉に変わってから私は、原則として、外では一切これを口にしなくなった。名前が気に入らないからではない。恐ろしくて食べられないのである。何が恐ろしいかというと防虫薬だ。青紫蘇は虫喰いの穴だらけが自然の姿で、針の穴ほどの虫喰いの跡もない大葉は植物というより薬品そのもの。それを知って以来、手が出なくなった。

しかし大好物だから、うちでは食べる。プランターに何株か植えてあり、見るも無残に穴だらけだが、これなら安心だ。青紫蘇は香りが高い上に赤紫蘇より栄養成分に優れ、カロテン含有量は赤紫蘇の二倍もあるという。紫蘇特有の香りはペリルアルデヒドなる芳香性物質によるそうで、これには強い防腐力があるというから、実にありがたい香草。本当は毎日でも食べたい。どこの料理屋でも大威張りで「これは穴あきですから安心してどうぞ」と出してもらいたい。

海では鯵《あじ》が旬《しゅん》になってくる。鯵の叩《たた》きで一杯やるにも薬味に青紫蘇はほしい。川では鮎の季節。日本中で「ここの鮎が日本一」と、お国自慢がかまびすしい。鮎は塩焼きにとどめをさす。あとは鮎飯さえあればいい。江戸時代からあったという鮎飯のうまさは池波正太郎から教わった。この鮎飯にも薬味に青紫蘇は欠かせない。

青紫蘇と胡瓜と鯵と、三拍子そろったら日向《ひゅうが》名物「冷や汁」の季節ということになる。宮崎の郷土料理屋の定番である冷や汁のことは前々から聞き及んでいたが、どうしても食べたいというほどの魅力を感じてはいなかった。それがある夏、宮崎へ旅してたまたま入った居酒屋で味わってから、こんなうまいものがあったのかとやみつきになった。

冷や汁は簡素な食いものである。元来は宮崎平野の農村で夏場の朝飯として古くから伝えられてきた郷土食だ。まず鯵を焼いて身だけむしり取ってほぐす。残った頭と中骨をさらに焼き、これで出汁《だし》をとる。擂鉢《すりばち》で煎《い》り胡麻《ごま》をすり、香りが出てきたら鯵の身を加えてよくすり混ぜ、そこへ味噌《みそ》を加えてさらにする。全体がねっとりしてきたら、擂鉢全体に薄く貼《は》りつけ、擂鉢ごと引っくり返して直火にかざし、焦《こ》げ目をつける。これを出汁でのばせば完成である。

擂鉢の冷や汁にぶっかき氷を浮かべ、これを熱い麦飯にかけてかき込むのだが、ここでなくてはならないのが薄打ちの胡瓜と刻んだ青紫蘇だ。飯の上に胡瓜と青紫蘇をのせ、その上からとろろのようになった冷や汁をかけるのが定法である。

冷や汁の魚は必ずしも鯵でなくてもよく、白身の魚なら何でもいい。カマスもいいし、むろん鯛《たい》ならもっといい。せめて一度、極上の鯛の冷や汁を作ろうと思い立ち、活鯛一匹を買ってきて焼くところから始めるのは大変だから、一計を案じて尾道《おのみち》から名物「鯛の浜焼」を取り寄せて利用した。

大ぶりの浜焼鯛は結構値も張るが、酒敵を集めて盛大にこれで一夕盛り上がった後、こっそり取り分けておいた身で翌朝作った冷や汁は、いわば減価償却済みのタダの副産物。すでに七十有余年人間稼業《かぎょう》をやってきたが、これほどうまい朝飯はかつてなかった。

宿酔《ふつかよい》の朝でもスイスイと三杯はいける。白状すると、酒がほしくなって、結局、朝酒も蕎麦《そば》猪口《ぢょこ》に冷やを三杯。

冷や汁とまぎらわしい名前の冷やし汁というものがある。『剣客商売』の中で秋山小兵衛が食べている。要するに鍋《なべ》ごと井戸に吊《つる》して冷やした実《み》なしの味噌汁。これは池波正太郎自身の大好物で、小兵衛には実なしの冷やし汁を食べさせているが、亡師のそれは野菜入り。野菜は茄子《なす》が主役で、それに泥鰌隠元《どじょういんげん》や茗荷《みょうが》も入れたりしていた。この池波流冷やし汁を拙亭でもよく作る。簡単で実にうまい。

コンコンチキチン　コンチキチン……

七月の京都は祇園祭《ぎおんまつり》一色となる。俗に祇園祭といっているが、正しくは祇園会《ぎおんえ》である。東山の八坂神社の祭礼で日本三大祭の一つとされている。

それはそれでいいとして、あとの二つはどこの祭なのか……七月になると、いつも一度は考えるのだが、ちゃんと勉強しないからいまだに知らない。

清和《せいわ》天皇の貞観《じょうがん》十一年（八六九）に、京中で疫病が流行した。これは牛頭天王《ごずてんのう》の祟《たた》りだというので、社司卜部比良麻呂《うらべのひらまろ》が鉾《ほこ》六十六本を立てて祈願したのが祇園会の始まりだという。六十六は日本全国五畿七道を合わせた六十六カ国にちなむ数字だそうである。

牛頭天王が何だかわからないから広辞苑で見ると、もとはインドの祇園精舎の守護神で除疫神として京都祇園社（八坂神社）などに祀《まつ》られ、頭上に牛の頭を持つ忿怒《ふんぬ》相に表されるとあった。

祇園会は七月一杯続く長い祭で、一日から囃子始《はやしはじめ》、十日が鉾建と御輿洗《みこしあらい》、十二〜十三日が曳初《ひきぞめ》、十三日は稚児《ちご》社参と行事が続くが、何といっても十六日の宵山、十七日の山鉾巡行がハイライトだ。ここまでが前の祇園会で神幸祭《しんこうさい》と呼ばれ、このあとに今度は後の祇園会として還幸祭《かんこうさい》がある。

亡師・池波正太郎にとっては、祇園会の宵山と山鉾巡行は生涯忘れ得ぬ記憶だろう。祭見物から帰京しようとしていたその日、『錯乱』によって直木賞受賞と決まったのだ。昭和三十五年のことだった。

宵山と山鉾巡行は三回観《み》に行った。まだ若い頃の話だ。いまはテレビのニュースで、ああ今年も祇園祭か……と思うだけで、あの暑さと人いきれの中へ出かけて行くだけの気力がない（金もない）。

しかし、鱧《はも》はせめて一度食べたい。祇園祭は別名「鱧の祭」というぐらいで、いろいろと工夫を凝らした鱧料理の数々があってこその祇園祭だ。コンコンチキチン、コンチキチンと祇園囃子が聞こえるようになると、京料理の主役は鱧になる。

鱧はウナギ目ハモ科に属し、本州中部以南から朝鮮半島周辺、オーストラリア、インド洋、アフリカ東岸まで分布する。体形はいわゆるウナギ型で、大きいものは体長二メートルにも達するという。

背は灰褐色、腹部は銀白色。吻《ふん》はとがり、口は大きく、鋭い歯を持つ。体表はぬめぬめとして鱗《うろこ》はない。どう見ても美しいとはいい難い姿ではあるが、その味のよろしさには格別のものがある。

これほどいろいろな料理法があり、食べる客も作る料理人も飽きない魚は他にない、と京料理の職人はいう。煮てよし、焼いてまたよし、湯引きしてよし、揚げてよし。だから、鱧は魚偏に豊かと書くのだ、と。なるほど。しかし、池波正太郎は鱧には大した思い入れがなかったようで、それより祇園の洋食屋の「インディアン・チキン」がどんなにうまかったかを何度も聞かされた。

鱧料理の代表は、俗に「落とし」という鱧の切り落とし、か。たぎった湯にくぐらせた鱧を氷水で冷やし、梅肉醬油《じょうゆ》で食べる。あくまでも白い身の冷たい感触が命だから、器もよく冷やしておき、ときには氷を敷いた上にのせるなどして涼感を強調する。

鱧の葛叩《くずたた》きを優雅な椀物《わんもの》に仕立てたのが有名な「ぼたん鱧」の一品だ。真塗りの漆黒の椀の中に浮かぶ白い鱧の身はまさに大輪の白牡丹《ぼたん》で、これも盛夏の京料理の花形である。

照り焼き、肝の山椒《さんしょや》焼き、鱧寿司、鱧の子と小芋の炊《た》き合わせ。このあたりも鱧料理の定番だ。しかし、鱧は天ぷらが絶品。たった一度だが京で鱧の天ぷらを堪能《たんのう》したことがあり、あれから十年にもなるのに、いまなお、あの日の鱧の天ぷらの味が忘れられない。

飲むこと食うことにしか関心がない人間としては、当然、料理道具も重要な口福アイテムで、京都へ行けば必ず錦小路《にしきこうじ》の市場を二、三回往復し、庖丁《ほうちょう》で名高い「有次」で職人芸の極致ともいうべき名品を鑑賞する。残念ながらたいてい庖丁や鍋《なべ》をながめて溜息《ためいき》をつくだけで、なかなか買えない。

それでも拙亭には有次の「かつお箱」もあれば出刃庖丁もあり、卸金の大中小、アルミ製のビアマグ……数えてみれば結構いろいろな有次製がある。何かの縁で当主・寺久保進一朗（いつも店の奥で庖丁を研いでいる）と知り合いになり、たまには一緒に酒飯する。あの日の鱧三昧《ざんまい》も、有次主人のご馳走《ちそう》に与《あずか》ったのだった。ごちそうさまでした。

鱧はやたらに小骨が多い魚で、高台寺門前に「馳走高月」なる鱧料理の名店を営む朝尾朋樹の一著によると、片身だけで二百五十本、全体で五百本にも及ぶ小骨が複雑に交錯しているそうな。

この料理人は多年苦心の研究を重ねて、ついに秘伝骨抜きの技を編み出し、骨なし鱧という画期的な鱧料理を完成した。その奥義《おうぎ》を『秘伝鱧料理』に惜し気もなく公開しているが、私のような素人《しろうと》にはチンプンカンプン。プロが見ても「こんな面倒なことはとてもやってられない」。そういう大変な技らしい。

だから鱧料理といえば、まず「骨切り」ということになる。「一寸を二十三から二十五に切る」のが名人芸とされ、そのために専用の鱧切り庖丁というものがあって、有次でも目の玉が飛び出るような値段で売っている。

そういう鱧庖丁一つを見ても、鱧は素人には手に負えない超高級魚と思い知らされ、鱧料理はいくら高値でも仕方がない……と、しぶしぶながら納得させられるわけだ。

海のない京の都で何故《なぜ》鱧料理が夏の主役になったのか。これには面白い話がある。交通不便だった昔、夜道をかけて魚を京へ運ぶ行商人が、たまたま途中の山道で小休止する。道端に腰をおろして一服している間に、荷かごの中から元気のいい鱧が跳ね出して逃げる。

何しろ、水を離れても長時間生き続ける鱧だ。砂にまみれてバタバタと暴れている。それと知らずに行商人が行ってしまったあとへ旅人が通りかかり、砂まみれの鱧を見て、

「そうか、京名物の鱧は山で漁《と》れるのか」

数多ある鱧料理の中で、もう一度でいいから食べたいと思うのは「鱧皮丼《どんぶり》」だ。京のおばんざいの定番「鱧皮胡瓜《きゅうり》」も大好物だが、赤坂「辻留」で味わった鱧皮丼は私にとって終生忘れ得ぬ一品である。思い出しただけでも生つばが湧《わ》いてくる。よし、何とか鱧の皮を手に入れて、この夏は鱧皮丼を作ろう。しかし、東京のデパ地下に、鱧皮があるかどうか……。

四、食道楽「秋」の部

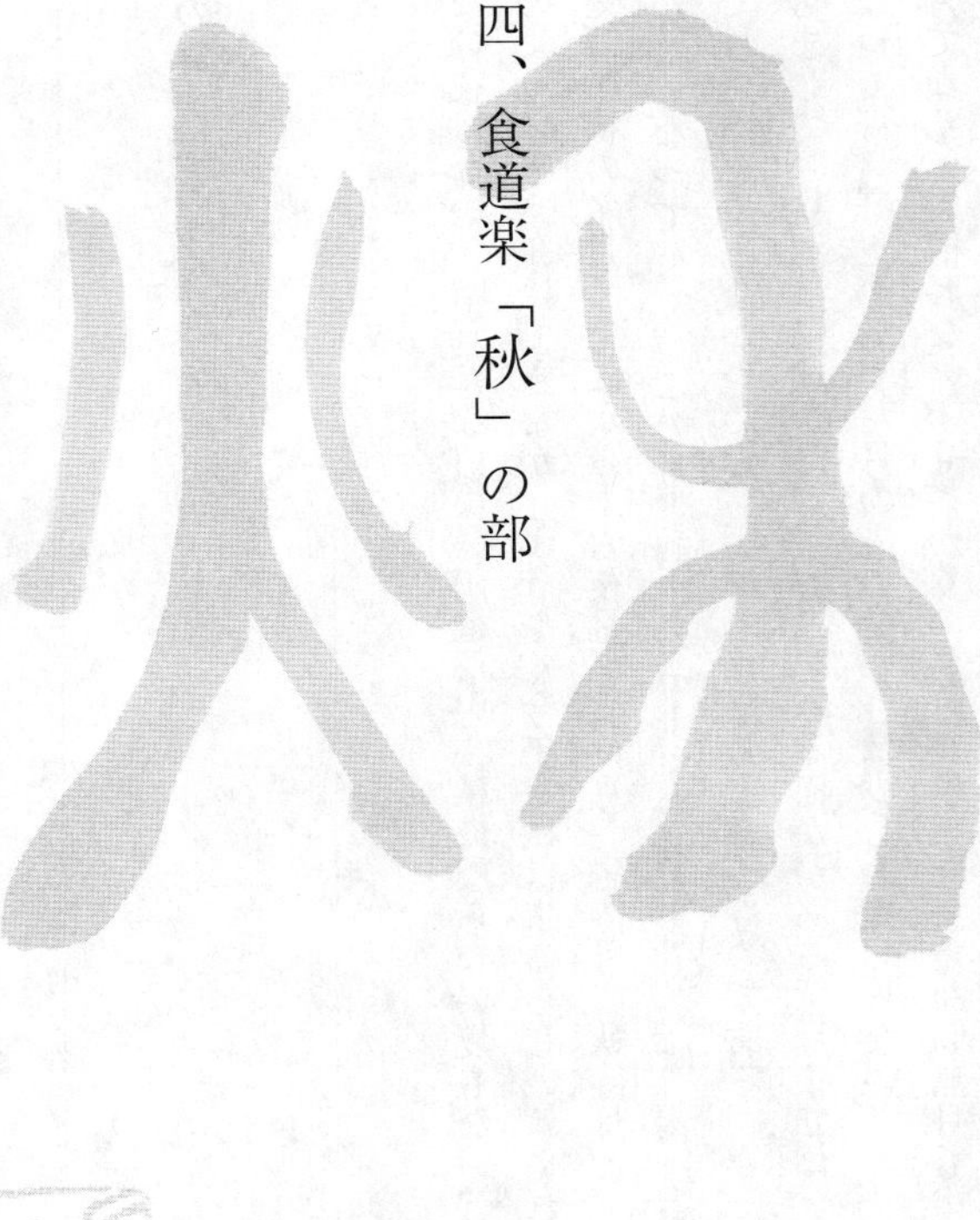

才巻のシッポ・沙魚のシッポ

朝にならない夜はない。晴れにならない雨はない。秋にならない夏もない、はずだ……と呪文《じゅもん》のように唱え続けてきたが、ようやく今年も秋は来るらしい。やれやれ。九月といえば中秋の名月。そこから十六夜月《いざよいづき》、立待月《たちまち》、居待月《いまち》、臥待月《ふしまち》と、一夜ごとに月の出が遅くなって行く。この月、酒事のテーマの最たるものは「月見酒」。花見酒をやって月見酒をやらなかったら、ナントカ落ちというものである。

花見酒にもまして月見酒は情趣が深く、心にしみる何かがある。月までロケットが行く時代になっても、冴《さ》えかえった月の光の美しさは少しも変わらない。

冴えた名月でなくても構わない。せっかくの名月が曇天で見えない無月も、あいにくの雨で名月が見られない雨月も、それなりに見えない月を思いながら月見の宴を楽しむ。これが風流。風流心とは想像力なり。

中秋の名月には、月の前に芒《すすき》や萩《はぎ》などを飾り、団子、柿、芋、酒などを供えて皓々《こうこう》たる月光を愛《め》でるのが習わし。冴えわたる月の光を心ゆくまで鑑賞するためには、当然、部屋の明かりは邪魔になる。古人は月の出とともに月見の宴を始め、そのときすべての明かりを消したという。

月見の酒席で一番の肴《さかな》は月そのもの。席はできるだけ窓辺にしつらえ、いっそ戸をはずしてしまうべし。縁側や庭に席を設けるのも悪くない。都会の暮らしでは、たいてい名月もビルの陰から上がってくるが、それもまた名月である。芭蕉《ばしょう》が池をめぐりてながめた月も、団地のベランダで見る月も、同じ月。

月月に月見る月は多けれど
月見る月はこの月の月

実に見事なアリテレーション（頭韻）の一例である。日本人は昔からこういう「ことば遊び」が好きで、傑作が少なくない。かの一休禅師の作と伝えられるものに、こういうのもある。

南無《なむ》釈迦《しゃか》じゃ婆婆《しゃば》じゃ地獄じゃ
苦じゃ楽じゃ
どうじゃこうじゃというが愚かじゃ

どうじゃこうじゃと理屈ばかりこねまわすより、さらりと無心で酒を飲みたい。以酒養真。酒を飲んだら天真らんまんな子どもに還《かえ》る。そうでなかったら酒に申しわけない。お月さまに対しても申しわけない。

臥待月のさらに次の夜は更待月《ふけまち》。そろそろ秋の彼岸の中日《ちゅうにち》「秋分の日」だ。この日を境に、一日ごとに昼が短く、夜が長くなる。そういう天地自然のなりゆきはともかくとして、食いしん坊にとっては秋の彼岸は忘れるわけにはいかない大事な日だ。

昔から「秋の彼岸の中日に釣った沙魚《はぜ》を食べると中気にならない」といい伝えられている。この日に釣った沙魚に特別の薬効があるはずもないが、要は、この時季の沙魚はそれほどにうまいということだろう。昔の人は季節ごとの旬《しゅん》のうまさを実によく知っていた。

ちょっと勉強したところでは、世界中にハゼの仲間は何と千五百種もいるそうである。日本にも百何十種かいるらしい。しかし、食道楽がよだれをたらすのはただ一種、真沙魚だけである。本沙魚とも呼ばれる。

沙魚は「江戸前」を代表する味の一つだ。池波正太郎は江戸っ子作家として沙魚を無類の好物とし、

「秋になって沙魚のシーズンになると、どうしても天ぷら屋へ足が向いてしまうね……」

と、よくいっていた。

沙魚というやつ、雑食性で貪食家《どんしょくか》だから小魚から貝類、ゴカイ類、藻類まで、何でも食う。この性格から独特の引込みが楽しめるので釣りの対象として人気が高い。「バカでも釣れる」というくらいビギナーでも結構よく釣れるから面白い。

夏の間の浅場で釣る沙魚をデキ沙魚、九月に入って彼岸の頃になると彼岸沙魚、その後、深場に落ち始めると落ち沙魚、十二月から一月の最後の沙魚をケタ沙魚と呼ぶ。秋が深まるにつれて大きく、味もよくなる。

「寒くなって、脂《あぶら》がのりきった沙魚は刺身にすると実にうまい。むろん甘露煮でも悪くはないが、煮付けるなら酒を加えた醤油《しょうゆ》でさっと煮るのがいいねェ……」

と、沙魚の話になると、いつもよだれをたらさんばかりの亡師だった。

見た目にはおよそ美しいとはいえず、むしろグロテスクな沙魚ながら、よく見ればなかなか愛嬌《あいきょう》たっぷりの憎めない顔をしている。

白身の淡白な肉質で、ゼラチン質もたっぷりの沙魚は、天ぷらにとどめをさす。私にいわせれば「江戸前の天ぷらになるためにある魚」だ。沙魚よ、勝手ないい草を許せ。

「沙魚は天種《てんだね》としては完成度一番の、究極の素材。江戸前の天種は穴子が第一とよくいわれるが、沙魚はさらにその上。揚げたてを口にした瞬間、そのままとけてしまう……あの軽々とした味わいは天下一品。これを超える天種は他にない」

と、三浦半島は葉山の天ぷら屋「葉むら」の主《あるじ》・関沢邦夫は断言する。沙魚の天ぷらは日本広しといえども葉むらが一番うまい、と私は思っている。主が沙魚にゾッコンで、最高の活《いけ》沙魚を万難を排して探してくるからである。ちなみに、活けでなければ天ぷらにならない。

目黒不動のすぐ脇《わき》に住んでいる老書生にとっては、葉むらへ天ぷらを食いに行こうと思うと、その一日がつぶれることになる。バス、電車、バスと乗り継いで、行くだけで二時間半はかかる。それでも沙魚の季節になると一度は葉むらへ行かずにはおさまらない。それだけの値打ちが葉むらの沙魚にはある。

天ぷら好きの沙魚狂には、身の美味にもましてシッポのうまさがたまらない。才巻《さいまき》（葉むらの主にいわせると、本当は鞘巻《さやまき》が正しいらしいが……）と呼ばれる車海老《くるまえび》の頭とシッポが大好きで、天ぷら屋で海老のシッポを残す奴《やつ》を見ると他人事《ひとごと》ながら腹が立つ私だが、沙魚のシッポとなら才巻のそれ十個と取り換えてもいいと思うくらいだ。いや、才巻のシッポも大好物だから、五個に訂正する。

「天ぷら屋へ行くなら腹を空かせて行って、揚げるそばから親の敵に会ったようにかぶりつけ」

これが亡師の口ぐせだった。天ぷら屋でグダグダと酒を飲んでおしゃべりをしている人間は天ぷら屋へ行く資格がない。天ぷら屋は飲み屋に非《あら》ず。ここでの酒は、次が出るのを待ち構えて、舌を洗うためにあるのだ。

喜心老心大心

夜が次第に長くなって行くから長月。夜長月。菊が咲く季節だから菊月。菊咲月。いよいよ稲刈りの月ということから小田刈月《おだかりづき》。他にも竹酔月《ちくすいづき》だの青女月《せいじょづき》だの、さらには色取月《いろどりづき》なんていうのもあるらしいが、恥ずかしながらさっぱり意味がわからない。ま、陰暦九月の異称として手紙に使うなら、長月か夜長月ぐらいが無難か。菊月は新暦では早過ぎる。

毎年、九月二十日頃が彼岸入《ひがんのいり》で、二十三日頃が彼岸の中日《ちゅうにち》（秋分の日）。ちょうどこの頃に咲くから彼岸花、別名曼珠沙華《まんじゅしゃげ》は、私にとっては子供のときからずっと無気味で怖い花だ。根もとに塊状の鱗茎《りんけい》があり、そこから三十センチぐらいの一茎を出して奇妙に反り返った赤い糸のような花をつける。

たいていの花は茎があり、葉があり、花があるのに、これは葉っぱというものがない。だから咲いている姿が異様なのだ。ものの本によると、花後、冬の初めに線状の葉を出すとあるが、見たことがない。

この花が怖いのは、あの赤い花の根もとには死んだ人の魂が一輪ごとに一つずつ眠っているのだよ……と、教えられたからである。子供心に植え付けられたその怖さがいまだに消えない。

この時季の花といえば、やはり秋の七草がいい。万葉集の山上憶良《やまのうえのおくら》の歌では萩《はぎ》・尾花・撫子《なでしこ》・葛《くず》・女郎花《おみなえし》・藤袴《ふじばかま》それに朝顔だったような気がするが、いまは朝顔の代わりに桔梗《ききょう》を入れるようである。

九月の酒席で一番の主題は「月」と決まっているが、月見の宴になくてはならぬものは芒《すすき》だ。薄とも書くがどっちが正しいのか。暑い間は青々としていた青芒が、中秋の名月の頃にはもの哀《がな》しい尾花を穂状に咲かせ、やがて風に乗って飛び散る。

尾花の呼び名は花穂《かすい》が獣の尾に似ているところから出たという。花ともいえないような寂しい姿の芒を秋の七草に選んだ古人の美意識に脱帽する。

月見酒には、里芋の子を皮つきのまま蒸した衣被《きぬかつぎ》を団子と共に三方に盛って供える。これが古来のならわしと承知しているが、拙亭では衣被も団子も用意しない。亭主が芋・栗、南瓜《かぼちゃ》嫌いで団子のような粉もんも大嫌いだからである。

しかし、芒だけは山妻が毎年その日になると黙っていても飾る。花屋で買ってくるのではなく、散歩の途中どこかで目をつけておいた空き地や道端から二、三本頂戴《ちょうだい》してくるのである。

例年、春の花見酒は酒敵と連れだって然《しか》るべき場所へ繰り出すが、近年、秋の月見酒は夫婦二人だけでひっそりと酌《く》む。ベランダに芒を飾り、部屋の明かりは全部消し、青白い月光の中で、ただ黙々と飲む。

肴《さかな》に特別のご馳走《ちそう》は何もない。常備菜の一つである亭主手製のちりめん山椒《ざんしょ》、紅葉《たら》子《こ》の酒びたし、錦糸《きんし》玉子の錦戸和《にしきどあ》え。せいぜいこんなものだ。大阪船場の料亭がスッポンスープで炊《た》くという錦戸の塩昆布が、ま、唯一《ゆいいつ》の贅沢《ぜいたく》か。

どうせ今年の月見酒も似たようなものだろうが、それにしても今年の名月はいつだ？　こういうことを調べるには『茶湯《ちゃのゆ》手帳』というものが便利である。近頃忘れがちな季節感や昔からのならわしなどを思い出すよすがとして、これほど重宝なものはない。

茶湯手帳を繰っていてびっくりした。九月のどこにも「中秋の名月」がない。だいたい旧暦はわれわれの暦の一カ月遅れと思っていたから、あわてた。老眼鏡をかけ直し、腰を据えてじっくり調べたが、どう見ても九月中に名月はない。二十三日（土）秋分の日、愛馬の日。二十四日（日）清掃の日。二十五日（月）10円カレーの日。二十六日（火）ワープロ記念日。二十七日（水）世界観光の日、女性ドライバーの日。二十八日（木）パソコン記念日。二十九日（金）クリーニングの日、招猫《まねきねこ》の日、道元《どうげん》忌。

そうか、永平寺開祖の道元禅師の忌日は九月二十九日だったのか。若い頃、一度だけ越前《えちぜん》の永平寺を訪ねたことがある。日本曹洞《そうとう》宗の大本山は雪に包まれて静まり返っていた。あの凛《りん》とした雰囲気はいまも忘れない。

禅寺で一山の生命を維持する食事のすべてを司《つかさど》る総料理長を典座《てんぞ》という。元来貧寒が当たり前の修行道場で、乏しい財源と限られた材料を活用し、簡素ながら万全の栄養を補給しつつ、心身ともに剛健な修行者《しゅぎょうしゃ》をつくるのが典座の仕事。

それだけの大役だから、六知事と呼ばれる最高幹部の中でも特に高徳の老僧が選ばれて典座を務める。そういう典座の心構えと食の重要性を詳細に説いた一書が『典座教訓』である。道元といえば『正法眼蔵《しょうぼうげんぞう》』という大著が名高いが、これは門外漢には歯が立たないから、せめて『典座教訓』だけでも……と思い立ち、これを座右の一書として十数年になる。

家庭では主婦が典座である。しかし、台所を女房まかせにして、自分はただ食べるだけという亭主は、男の風上にも置けない。

「男は台所へ首を突っ込むものではない」と、昔はよくいったものだが、池波正太郎は「そういうのを半可通というんだよ。信長でも秀吉でも、あるいは加藤清正や伊達《だて》政宗《まさむね》でも、戦国時代の一流の男たちはみんな台所へ首を突っ込んでいる。おれもそうしている」と断言した。自分で庖丁《ほうちょう》は持たなくても、きっちり女房に指示をするのが亭主の責任だ、と。

つまり亭主は、いわば〝陰の典座〟でなければならぬということ。そう考えると『典座教訓』は料理に携わるプロでなくても、およそ真面目《まじめ》に食を考える人すべてにとって、必読の書である。

典座の心構えは「喜心老心大心《きしんろうしんだいしん》」に要約される、と道元は説く。喜心は、いまこうして調理できるしあわせに喜びを感じ、食べてくれる人の笑顔に喜びを感じる心。老心は子供を思う親の心で調理をせよという戒め。大心は、「其《そ》の心を大山大海にして偏《へん》無く党無き心なり」で、偏りのない広い心を持ち、謙虚に初心忘るべからずの意。

喜心老心大心、喜心老心大心……とつぶやいて、氷の溶けかかったシングルモルト・オンザロックをぐいっとやった瞬間に、あ、そうだ、今年の中秋の名月は一体いつなのか、それを調べていたのだと思い出した。

改めて茶湯手帳を繰ると、なんと今年は十月六日だ。神無月《かんなづき》初旬ともなれば、いよいよ蛤《はまぐり》が真味を持つに至る季節。今年の月見酒のしめくくりは亡師直伝の蛤の小鍋《こなべ》立てとするか……。「亡師を偲《しの》ぶ」という大義名分があっては山妻も異を唱えるわけにはいくまい。

林間ニ酒ヲ煖メテ紅葉ヲ焼ク

茶湯《ちゃのゆ》の世界では十月を名残月という。名残には二つの意味がある。まずは去年十一月の口切《くちきり》から使い続けてきた茶壺《ちゃつぼ》の茶が、もうすぐ底をつく。その残りわずかな茶に名残を惜しむ心。いま一つは、半年親しみ馴染《なじ》んできた風炉《ふろ》ともこの月限りに、また半年の別れとなる。その風炉への惜別の心。

そこへ行く秋を惜しむ心も重なって、風炉名残の茶事にはしんみりと侘《わ》びた情趣が漂うことになる。酒事においても、この月の眼目は名残の気分。宴果てて帰る客が「名残惜しや……」という気持ちになるような、そういうしみじみ心に残る宴でありたい。

名残月の酒席は侘びた風情《ふぜい》を第一に、格式ばったことを避け、わざと一度割れたのを継いだ鉢を持ち出したり、箸《はし》一つでも新しい青竹のそれではなく色あせたものを用いる。向付《むこうづけ》や盃《さかずき》もきちんとした揃《そろ》い物より、寄せ向、寄せ盃の趣向がふさわしい。染付、赤絵、唐津《からつ》、志野、織部などを取り交ぜて使うのだ。

ちなみに拙亭では週に二、三回は入れかわり立ちかわり酒敵がやってきて酒飯を共にするが、名残月でなくても一年中寄せ盃で押し通している。お盆にいくつかのグイ呑《のみ》を並べて出し、客はめいめい勝手に好きなグイ呑を選ぶ。その選び方で酒徒としての見識や器量が大体わかるから面白い。逆にいえば、どんな寄せ盃を持ち出すかで客は亭主の力量を見定めているわけだ。勝負、勝負である。

一般によく知られている十月の古名は神無月《かんなづき》。この月、諸国の神々がみんな出雲大社に顔を揃え、そこで一年分の縁結びの相談をする。つまりは縁談の談合に他ならないが、この談合には誰も苦情をいうわけにはいかない。談合中、各地は「神不在」になるから神無月で、出雲国だけが神在月《かみありづき》である。

神無月の由来には別説もある。往古、神に供える酒造りは処女が新米を嚙《か》みくだくことから始まったという。この秋に穫《と》れた穀物から酒を醸《かも》す（嚙み成す）月、すなわち醸成月が本来の意味で、それがいつしか神無月に転じたという説である。酒飲みとしてはどうも醸成月のほうが正しいような気がする。

十月の上旬に北海道で始まる紅葉前線は、たいてい十月半ばには東北地方まで下がり、それから日ごとに南下を続けて、月末から十一月には全国で紅葉狩りの宴が開かれることになる。春の花見にだけ浮かれて秋の紅葉の宴を忘れたら竜田姫《たつたひめ》の不興を買う。

花見の宴は桜の下に円座を組んで陽気にやるのがいいが、紅葉を愛《め》でるには一人、せいぜい気のおけない酒敵と二人がいい。白楽天（だったと思う）の詩にこんなのがある。

林間煖酒焼紅葉
石上題詩掃緑苔

たとえ石上ニ詩ヲ題シテ緑苔《リョクタイ》ヲ掃《ハラ》ウところまで行かないとしても、林間ニ酒ヲ煖《アタタ》メテ紅葉ヲ焼《タ》クぐらいのことはできる。もしかすると酒の功徳《くどく》で一句浮かぶかもしれない。落ちた紅葉を拾い集め、帰って夜の酒席に飾れば、それも一つの紅葉の賀だ。いよいよ燗酒《かんざけ》がうまくなってくる。

若い頃はもっぱら冷やでしか飲まなかった私だが、池波正太郎に感化されて、いつ

の間にか燗酒党になった。いまでは私も洋食屋でカツを頬張りながら燗酒だ。

清酒の素晴らしさの一つは飲む温度の幅広さにある。冷酒、常温、ぬる燗、熱燗。時季により酒により肴《さかな》によって思いのまま。こういう酒は日本酒しかないだろう。つくづく日本に生まれてよかったと思う。

しかもいまは天高く馬肥ゆる秋。一年中で一番口福に恵まれている時季である。海山里川にうまいものがあふれている。秋味（鮭《さけ》）、秋刀魚《さんま》、秋カマス。鯖《さば》も脂《あぶら》が乗ってくる。川には落ち鮎《あゆ》、下り鰻《うなぎ》。秋味が帰ってくる北海道の川には柳葉魚《ししゃも》もやってくる。

里の恵みでこの時季一番うまいのは、何といっても秋茄子《なすび》だ。茄子はインドが原産地だそうで、日本へは八世紀頃に中国を経て渡来したという。漬けてよく、煮てよく、焼いてよく、揚げてもうまい。私はカレー作りを得意としているが、茄子と豚三枚肉のカレーは何十回食べても飽きないうまさだ。

俗に「秋茄子を嫁に食わすな」というのは、『夫木集《ふぼくしゅう》』の「秋茄子わささの粕《かす》に漬けまぜて嫁にはくれじ棚に置くとも」から出たものである。嫁を憎む姑《しゅうとめ》気質の表れと解されているが、古来、茄子を食べ過ぎると腹が冷えて子供ができないという俗信があり、これはむしろ孫の誕生を待ちわびて嫁をいたわる老婆心《ろうばしん》から出たことば、とも解釈できる。蛇足ながら「わささ」とは早酒の意。

山の幸の王者はいうまでもなく松茸《まつたけ》だ。せめて一度は食べなくてはおさまらぬ。そこで思い立ったが吉日と亭主みずからスーパーへ出かけ、松茸をしこたま買い込んだ。中国産ながら香りはまずまずである。

焼き松茸に松茸のフライ、それに松茸飯……と舌なめずりしながら帰亭すると、ありがたや、旧知の酒敵から極上の伊賀牛が届いていた。こうなれば当然すきやきだ。

拙亭のすきやきはいわずと知れた関東流である。酒、醤油《しょうゆ》、出汁《だし》、隠し味《み》程度の味醂《りん》を合わせた割下を用意し、熱した鍋《なべ》に牛脂をなじませて牛肉を入れ、上からほんの少量の割下をかける。一呼吸して一度肉を裏返しにし、さっと火が通ったかどうかぐらいのところで、溶き卵をくぐらせて食べる。「割下は甘くしない。肉は決して焼き過ぎないこと。これがすきやきのコツだよ」と、池波正太郎から教わった。

肉、肉、肉……と何度か繰り返し、肉に堪能《たんのう》したところで最後は残りの肉全部と葱《ねぎ》、豆腐、白滝、茸《きのこ》類（今回は豪勢に松茸！）を入れ、ひたひたに割下を入れて少し煮つめ、味が濃くなったら、これをおかずに飯を食う。行儀は悪いが白い御飯にぶっかけてむさぼり喰《くら》うのが一番うまい。御飯まで行かずに酔ってダウンの場合は、翌日これで牛丼《ぎゅうどん》を仕立てる。至福の牛丼になる。

割下を使わずに白砂糖を敷きつめてまず肉に焼き目をつけ、それから醤油で味を調えるのが関西式のすきやきだ。初めてそれを見たときは仰天したが、これはこれでまことにうまい。結局、肉がよければどうやってもうまいということだろう。

気張って買い過ぎた松茸がかなり余ったので、山妻がそれを淡味《うすあじ》の当座煮にした。佃煮《つくだに》ほどの濃い味にはしない。そのほうが酒のつまみに合う。何の味もつけない出汁に当座煮の松茸を入れて熱々にすれば、酒の途中の吸物に絶品である。

天高く馬肥ゆる秋の恨み

秋の味覚の王様といえば松茸《まつたけ》と相場が決まっている。うまい茸《きのこ》ならシメジもあればナメコもあり、マイタケもあるのに、何で松茸ばかりが別格にもてはやされるのか。

確かに、あの香り、あのキュッキュッと音を立てて嚙《か》みしめるときの歯ざわりの心地よさ……こればかりは他のどんな茸を持ってきても代用はきかないだろう。しかし、これほどまでに松茸が珍重される最大の理由は「値段が高い！」ことにある、と私は邪推している。尋常の高さではない。ベラボーというしかない値段である。

松茸は担子菌類に属し、アカマツの根に寄生して、秋季アカマツ林の地上に自生する。寒地ではエゾマツやツガの林に生えることもあるという。表面は灰褐色または淡褐色。裏面は白色。傘は初め茎の上部に球状をなして付着するが、成熟に従って次第に開く。芳香あり。美味——とは広辞苑の説明である。

その説明を読みながら考えた。だから何だっていうんだ？　たかが茸の一種。こんなもの食わなくたって命に別状はないだろう……と自分にいい聞かせながら、

（ああ、焼き松茸……ああ、松茸御飯、ああ、土瓶蒸し……ああ、松茸をこれでもかというほどたっぷりあしらったすきやき……）

と、つい、よだれをたらしてしまう自分が情けない。

それにしても、である。何故《なぜ》、松茸はかくも高いのか。天然の産物だから年ごとに豊凶の差が大きい。しかも、原因はよくわからないが、年々産量が減る一方である。ちょっと調べたところでは、かつては広島を中心に関西地方で年間五千トンも採れたというが、近年はやっと二百トンから三百トンだそうである。

これでは本場の丹波松茸が一本一万円だ、二万円だというのも無理はない。松茸以外の茸がわれわれ庶民でも気軽に食べられるのは、人工栽培という技術のおかげだ。ところが松茸だけは人工栽培が不可能。すべて気紛れな山の神様の思《おぼ》し召し次第だから、法外な値がついてもしかたがないよなァ……と、だれでもあきらめている。

そのあきらめが根底にあるからこそ、年に一度、清水《きよみず》の舞台から飛び降りたつもり

で買う松茸がしみじみうまい。シイタケやマイタケのように一年中人工栽培で安く食べられることになったら、松茸といえどもたちまち秋の味覚の王者の座から転落するだろう。

実をいうと、松茸が生える条件や栽培の方法はとっくに解明されており、その気になればいつでも人工栽培は可能だ……という説がある。それにもかかわらず工場生産の松茸が出てこないのは松茸の稀少《きしょう》価値を守るためで、松茸人工栽培法は永遠の闇《やみ》の底に葬《ほうむ》られている、というわけだ。

いかにもありそうな話である。ま、それはそれでよかろうという気もする。何でも大衆化すればいいというものではない。やっとの思いで一年に一度だけの〝高嶺《たかね》の花〟もなくては、人生の夢がなくなる。

それに国産の松茸は無理でも輸入物なら結構安く食べられる。ケチケチと薄切りにして松茸御飯にしなくても、一本丸ごとフライにしてかぶりつくことができる。

亡師・池波正太郎は松茸のフライが大好物だった。晩年の名エッセイ『池波正太郎の銀座日記』を見ると、たびたび松茸のフライが登場する。

「午後から銀座へ出て〔壹番館《いちばんかん》〕で紺のダブルを注文する。(中略) 早く帰ったので、豚肉とタマネギの白シチュー、松茸のフライで御飯二杯」

「きょうは松茸の初物をフライにして食べた。痛風の腫《は》れは、すっかり引いた」
「朝は、小さなロース・カツレツと松茸御飯。松茸御飯は一夜置いたほうがよい。
（中略）夜は、煎《い》り鳥と松茸のフライ」
「夕飯は、韓国産松茸のフライ、鶏《とり》、卵のそぼろ御飯」
「夜は松茸のフライに貝柱飯。酒は一合弱になってしまったから、酒の肴《さかな》が、ほとんどいらなくなった」

ざっとこんな具合だ。

焼き松茸や土瓶蒸しではなく、松茸をフライにするところが池波流である。亡師は松茸のバター焼きも好きだった。まさに〝洋食大好き人間〟の面目躍如たるものがある。

私がその腕と人柄に惚《ほ》れ込んで十年間通い詰めた料理人（生まれも育ちも神田っ子）も、「松茸はフライに限るよ」と断言していたから、東京っ子の好みに一番合う松茸賞味法はフライということか。

松茸御飯となると、これは香りが命で、輸入物は流通の距離と時間の関係から、どうしても香りが薄くなる。そこで拙亭の場合は、ちょいと策略を弄《ろう》することになる。

松茸特有の芳香は、分析すると、マツタケオール、イソマツタケオール、メチルシンナメートなどが主成分で、これらの物質はいずれも現代科学技術によって合成が可能となっている。

それをうまく利用したのが某社の「松茸の味お吸いもの」だ。うちではこれを茶漉《ちゃこ》しでふるい、粉末を水に加えて御飯を炊《た》く。合成香料とはいえ、天然成分と何ら変わるところはないから、わが家の松茸御飯の香りはまさに完璧《かんぺき》。むせ返るほどだ。

しかも思い切り大ぶりに切った安い輸入松茸がこれでもかというほど入っているから、高価な国産松茸を申しわけ程度に入れた〝本物〟よりも、よっぽど「松茸めしを食べた！」という気がする。

ここまで書いて、考えた。

そうまでして松茸御飯を食べなければならないのか、と。「そんなものが松茸めしといえるのか！」と、あの世で池波正太郎が地団駄踏んで怒っているかもしれない。あの怖い顔が目に見えるようだ。

貧乏書生に一つだけ弁解を許して貰《もら》えるなら、これはあくまでシャレのつもり、ということである。いうなれば、「半月に切った大根は蒲鉾《かまぼこ》、黄色い沢庵《たくあん》は玉子焼き、お茶で色をつけた水は灘《なだ》からの下り酒のつもり……」という、あの落語の古典「長屋の花見」の秋版なのだ。

「そういう〝遊び〟でやるのなら、まァ、それもよかろう……」

と、天からの声が、いま、聞こえたような気がしたが、やっぱり錯覚か。

五、食道楽「冬」の部

蕎麦前なくして蕎麦屋なし

霜月も月の初めはまだ小春日和《びより》かと気の休まる日もあったりするが、十五日の七五三を過ぎる頃から急に寒さが身にしみてくる。いよいよ冬が近い。暦の上ではこの月初めの立冬から二月の節分までがすでに冬である。日ごとに夜が長くなって行く。ぬくもりが恋しい夜は親しい酒敵を迎え、胸襟《きょうきん》を開いてしみじみ酒を酌《く》み交わしたくなる。

窮愁千万端　美酒三百杯
愁多酒雖少　酒傾愁不来

有名な李太白《りたいはく》の詩の一節が心に浮かぶ。愁《うれい》は千万、山ほど積もっているのに、美酒はわずかに三百杯。愁ばかり多くて酒は少ない。しかし、酒を傾ければ愁は来ない……。

毎晩そう思って酒を飲む。愁の一切を忘れるべくトコトン飲む。そうすると李白のいう「酒酣《タケナワ》ニシテ心自《オノズカ》ラ開ク」の心境に至る。酒がなかったらとても明日は迎えられない。酒のおかげで私は何とか生きている。

そういうありがたい酒だからこそ、どんな酒をどのように飲むか、だれと飲むか、一飲たりともいい加減にはしないように心がけている。心がけているだけで現実にはかなりいい加減な飲んだくれである。その点、亡師の酒の飲み方は見事の一言に尽きた。酔っぱらったり乱れたりしたのを一度たりとも見たことがない。

やっと今年も新蕎麦《しんそば》の季節になった。香り高い手打ち蕎麦を手繰りに、いつものあの店へ……と思うだけでもうのどが鳴る。蕎麦にのどが鳴るのでなく「蕎麦前」にのどが鳴るのだから、どうしようもない飲んだくれだ。

大好きな蕎麦屋の一つが山形は村山市大久保という田舎にあって、東北方面に出かける用事があると何とか都合をつけて立ち寄る。といっても初めて行った二十年前から全部合わせてせいぜい八回か、十回か……。

その名を「あらきそば」という。昔ながらの茅葺《かやぶ》きだか藁葺《わらぶ》きだかの農家がそのまま蕎麦屋になっていて、山形名物「板蕎麦」の王道はここにある……と、さる高名な蕎麦評論家は断言している。年季の入った杉の柾目《まさめ》板《いた》の浅い箱に、噛《か》み応《ごた》えのある褐色のやや太打ちの蕎麦が盛られて出る。その量が凄《すご》い。

蕎麦好きは「むかしもり」を一気に平らげるが、普通の人はその半量の「うすもり」でも「エーッ、これが一人前？」と目をむくだろう。東京の蕎麦名店といわれるところのまず三倍、いや五倍はある。ついに亡師をあらきそばへ案内する機会はなかったが、池波正太郎なら、軽くむかしもりを平らげたに違いない。

最初の何回かは私もまだ若かったから、ちゃんとうすもり一枚をきれいに食べた。いまは蕎麦までたどりつかず、蕎麦前だけでダウンである（蕎麦屋で飲む酒の別称が蕎麦前であることは池波正太郎に教わった）。

あらきそばは玄蕎麦から自家製粉で、つなぎなしの生粉《きこ》打ち。これぞ蕎麦の原点と思わせる味と香りにあふれている。ツルツルーッと手繰る江戸蕎麦とは別次元の、しっかり噛んで味わう蕎麦である。

そのうまさは十二分にわかっていて、蕎麦を食いにあらきそばへ行くのだが、ここ何回かは結局、蕎麦は食わずじまいに終わっている。むろん私の軟弱な胃の腑《ふ》に大半の原因はある。だが一つ弁解をさせてもらえば、あらきそばは、蕎麦前の一刻《ひととき》があまりにもうま過ぎ、楽し過ぎる。それがいけない。

「久し振りに来たんだから、ま、思い切り飲んでくださいよ」

と、主《あるじ》の芦野《あしの》又三が私の横にどんと一升瓶を置く。すかさず女房・芦野よし子自慢の漬物や棒鰊《ぼうにしん》の味噌煮《みそに》が次々と眼前に運び出されてくる。こうなったら飲まないわけにはいかない。何しろ漬物も鰊も目茶苦茶うまい。

鰊蕎麦は京名物ということになっているが、あちこち京で食べ歩いた末の私の結論は「鰊の煮かたが甘過ぎる！」。あらきそばのよし子おばあちゃんが大釜《おおがま》の前に終日立ち尽くして炊《た》き上げる味噌風味の鰊は天下一品。一度これを味わったら、よその蕎麦屋で鰊を食う気はしない。これさえあればいくらでも酒が飲める。

名古屋にそれと知られた蕎麦屋があって、主はまだ若いが非常に勉強熱心。この男にあらきそばのよし子おばあちゃんの鰊を教えたところ、さっそく村山から取り寄せて一所懸命に研究したという。しかし、やがて手紙が来て、「あの鰊の味は私には不可能とあきらめました」

東京とその近郊にも蕎麦屋で鰊の棒煮を自慢の一品にしているところが二、三あり、それぞれにうまいが、あらきそばの「よし子鰊」には到底かなわない。

「うちの鰊、どうですか。うまいでしょう」

と、自慢した蕎麦屋がある。私は東京ではこの蕎麦屋へしか行かない。確かに文句なしのうまさで、京都とはレベルが違う。親方に私はいった。

「うまい。うまいが日本で二番目だな」

「一番はどこです……？」

「山形は村山のあらきそばが日本一」

それを聞いて以来、その蕎麦屋は二度と私に鰊の棒煮を勧めなくなった。彼の名誉のためにいっておくが、こと蕎麦と蕎麦つゆのうまさにおいては、だれが何といってもこの男が日本一だった。いまは昔、の話だが。

よし子おばあちゃんが丹精こめて作る逸品に「ぺそら漬」がある。この地方独特の茄子《なす》の漬物なのだが、茄子ならではの美しい紫色を抜くことから始まる風変わりな漬物で、世の中にこれ以上うまい漬物はない。

明日お前は死ぬ、その前に今夜何を食べたいかといわれたら、私は迷わずいうだろう。

「あらきそばの、よし子おばあちゃんの、ぺそら漬で、炊《た》きたての白い御飯」。それぐらいぺそら漬はうまい。

ぺそら漬は秋の間しかないから、死ぬなら茄子のある秋と私は決めている。飯に合うこと至高のおかずだが、これを肴《さかな》に酒を飲み始めると他に何もいらなくなってしまう。茄子の他に茗荷《みょうが》、青唐辛子なども入っていてピリリと辛い。その風味がたまらない。

こういうものを眼前に並べられ、横に一升瓶があっては、私でなくてもトコトン飲まずにはいられないだろう。その結果が、うすもりまでたどりつかずに肘枕《ひじまくら》で高いびきである。これは蕎麦前の責任である。正確にいえば、蕎麦前と共に供されるよし子おばあちゃんの漬物と鰊の棒煮の責任である（呵々《かか》）。又三じいさま、乞《こう》御海容。

田楽はむかしは目で見今は食ひ

霜月半ばを過ぎると、晩秋というより初冬の感じが強くなってくる。朝夕はめっきり冷え込みがきつくなり、火が恋しくなる。燗酒《かんざけ》のありがたさが身にしみる。

ともすると時雨《しぐれ》がくる。急に曇ったかと思うと、ぱらぱらと落ちてくる、わずかな雨。そのまま降り続くのかと思うと、もう熄《や》んでいる。風が一段と冷たくなる。

時雨とは、ものの本によると、北風が強く吹き、連峰の山々に当たって降雨をもたらした残りの水蒸気が、風に送られて山越えしてくるときに見られる現象、だそうである。

この現象は盆地に多く、ことに京都のような地形にしばしば見られるという。平安時代以来、京の歌人たちにとっては非常に身近な馴染《なじ》み深い季節的現象だったわけで、当然、時雨を主題とした詩歌が多く詠《よ》まれている。

一番有名なのは「神無月《かんなづき》ふりみふらずみ定めなき時雨ぞ冬のはじめなりける」だろう。

この一首、私は長いこと貫之《つらゆき》だと思い込んでいたが、どうも詠み人知らずが正しいらしい。それにしても時雨がいわば京の特産であるとは知らなかった。

室町の長い戦乱の時代には時雨に託して人の世の定めなさを詠む風潮が強まり、時雨はただの自然現象ではなく、人生の一つの象徴になった。人生を逆旅と見る無常観がそこにある。俳句にも時雨の名作は多い。

初時雨猿も小蓑《こみの》をほしげなり　芭蕉《ばしょう》
世にふるもさらに時雨の宿りかな　宗祇《そうぎ》
天地の間にほろと時雨かな　虚子
昔おもふしぐれ降る夜の鍋《なべ》の音　鬼貫《おにつら》

ほろほろと酔いがまわってくると、物書きの端くれとしては、おれも時雨に人生の哀歓をこめた一句を……と、柄にもないことを考えたりするが、所詮《しょせん》、無理な話。

せめては時雨煮を肴《さかな》に、黙々と酒を飲む。それも高価な桑名の時雨蛤《はまぐり》ではなく、お江戸は柳橋のたもとにある船宿・小松屋が手内職で作っている浅蜊《あさり》の時雨煮だ。先日、下町散歩の途中でたまたま見つけて買ってきたが、これが滅法うまい。これで酒を飲み始めると止まらなくなる。

時雨の句にこんなのを見つけた。

蒟蒻《こんにゃく》の湯気暖かに時雨かな

作者の猿雖（えんすい、と読むのか……）がどういう俳人なのかまったく知らないが、この一句が気に入ってしまった。わかりやすいのがいい。時雨の音を聞きながら食うおでんがひどくうまそうだ。

たちまち、今夜はおでんにしようと決まった。朝昼兼用の第一食（缶詰のスッポンスープを使った雑炊）を食べた後、山妻ともども近所のスーパーへ行き、材料を買い調えた。帰亭してさっそくおでん作りである。おでんに関しては老生かなりの自信を持っている。

おでんのルーツをたどれば田楽《でんがく》に行き当たる。「田楽はむかしは目で見今は食ひ」

という古川柳がおでんの由来を教えている。

豊葦原瑞穂国《とよあしはらみずほのくに》は天候に一喜一憂し、ことあるごとに田の神様に祈り、どうか豊作でありますようにと願った。ただ祈願するだけでは田の神もいい顔はしないだろうから、田んぼで芸能を奉納した。竹馬に似た高足《こうそく》（鷺足《さぎあし》ともいう）に乗って踊る芸である。これが「むかしは目で見」の田楽だ。

一方、「今は食ひ」の田楽は木綿豆腐を短冊《たんざく》に切り、軽く水気をしぼって竹串《たけぐし》を打ち、焼いて唐辛子味噌《みそ》をつけたもの。その形が高足に乗った一本足の田楽法師にそっくりだったわけだ。豆腐田楽の始まりは足利《あしかが》時代の末で、利休が茶会を催す頃は流行の食べものだったという。

豆腐がうまいなら歯ざわりのよい蒟蒻もうまかろう、蒟蒻は焼くより鍋でゆでたほうが能率がいいというので、やがて蒟蒻田楽が登場する。江戸文化が爛熟《らんじゅく》した文化・文政期まで時代が下がると、江戸では串刺しの蒟蒻をゆでて味噌をつけるのではなく、出汁《だし》に味をつけて煮込むようになる。

どうせ一つ鍋で煮込むなら、蒟蒻や豆腐だけでなく、うまそうなものを何でも入れよう、煮込んだ材料につけるなら溶き芥子《がらし》がいい……と、こうして煮込み田楽が誕生した。

元来は下層の庶民の食いものだった煮込み田楽は、大正時代に関西へ伝わり、そこで堂々たるもてなし料理にまで進化する。醬油《しょうゆ》本位に材料が黒ずむほど煮込んだ昔ながらの東京おでんはいまや影が薄く、おでんは酒塩味を主体に淡口《うすくち》醬油で淡彩に仕上げた関西風が全国を制覇している。

「そもそも、煮込みのおでんというものは江戸に発生しながら、それが一種の料理屋としての店構えをするようになったのは、関西での発展によるところが大きいのである」と、亡師は『むかしの味』の一節に書いている。ことおでんに関しては池波正太郎も上方に一目置いていたようだ。

私が作る鉢山亭おでんも完全に関西風である。亡師に教わった京都の「蛸長《たこちょう》」や大阪の「たこ梅」などへ通って勉強した。煮汁がうまいスープとして飲めるおでんが好きなのだ。

京は祇園《ぎおん》末吉町にある小体な割烹《かっぽう》「さか本」では、材料それぞれを別々に煮て味を調えておき、これを鍋の出汁で温めながら、自慢のスッポン味噌をつけて食べるという新形式のおでんを教わった。近頃はこのさか本流おでんに凝っている。むろん、スッポン味噌はさか本から取り寄せるのである。

おでんで一杯やりながら、ふとカレンダーを見て、もうすぐ師走《しわす》かと思い、そろそろ賀状のことを考えねばならぬと気づいた。池波正太郎は例年三月頃から賀状の準備に取りかかり、四月には自分の描いた絵を印刷して、桜の散る頃から一枚一枚、宛名《あてな》書きを始めていた。せっかちというのではない。来年の賀状を書くことで、来年も生きるぞと自分に言い聞かせていたのだ、と思う。それがせつない。

さて、今度の賀状はどうしたものか。毎年この時期になると迷う。そろそろ世の中から姿を消してひっそりと暮らすべき齢《とし》かと思うからである。「老兵は消え去るのみ。積年の御厚誼《こうぎ》に深謝。もう賀状はこれを最後とさせて頂きます」と書けば、それで終わりになる。

と、わかっているのだが、なかなかそのふんぎりがつかない。結局、今年も、いつものように賀状の用意だけはしておき、頂戴《ちょうだい》した人にはこちらも出す、ということになるのか。

やはり、そういうことになるだろう。私は昔から賀状は元日に書き始めるのが習慣である。三ヶ日は賀状書きだけで、仕事はしない。年酒をやりつつ書くのは結構楽しい。

酒市魚行是梵宮

　また一つ齢《とし》を取ったが、いわゆる馬齢《ばれい》で、いくつ重ねてもちっとも進歩しない。情けない限りだ。ま、開き直って「酔生夢死」をきめこむしかない。

　久々に「書」の注文が舞い込んだ。まだ多分五十になるかならぬかの青年実業家で、何かの特許を取ったとかで豪邸に左団扇《ひだりうちわ》の男からである。畳一枚くらいの大きい額が欲しいと言う。ありがたや、ありがたや。

　手許《てもと》にそれだけの大きさの和紙がなかったので、旧知の文房四宝屋へ行った。一種類だけその寸法の越後《えちご》和紙があった。もう日本中探しても、こういう大判の紙を漉《す》ける職人は越後のこの老人ただ一人と聞き、ありったけ買い占めて帰った。

　何を書こうか……と考えながら、酒を傾けつつ、のんびり墨を磨《す》った。この時間が実に楽しい。飲んでは磨り、磨っては飲み……その間は憂《う》き世のしがらみを一切忘れている。私はいつも、そのとき飲んでいる酒で墨を磨る。水で磨るのではどうも味気ない。どうせ私が書くのは酒を称《たた》える詩句ばかりだ。

及時当勉励（時に及んで当《まさ》に勉励すべし）
歳月不待人（歳月は人を待たず）

ふと、この二行が浮かんだ。「時に及んで」とは、チャンスを逃さず、その時期に間に合うようにすること。勉励は、つとめはげむことである。古来、若いうちから勉強を怠るなかれという戒めの意に解されているが、それを聞いたら陶潜《とうせん》先生が大笑するだろう。

もともとは「人生根蒂《じんせいこんてい》なく、飄《ひょう》として陌上《はくじょう》の塵《ちり》の如《ごと》し」に始まる詩である。人の一生は風に漂う路上の塵のように定めなきもの。元気盛りの若い時代は二度と来ない。一日に二度の朝はやって来ない……と詠じた果ての結びの二行だ。

若いときはせいぜい遊べというのが陶潜の真意。年取ってから遊ぼうと思っても手遅れなのだ。勉励とは即《すなわ》ち「行楽に勉励すべし」に他ならない。戦前、株屋勤めの余《よ》禄《ろく》でとことん勉励したからこそ、後の大作家・池波正太郎があった……と私は思っている。

一気に十数点書き、これがおれの限界だなと思える一点が書けたので、そこで筆を措《お》いた。その後はひたすら酒、酒、酒だ。気がつくと朝になっていた。こういうときの酒は目茶苦茶うまい。

目茶苦茶うまい酒を飲むと、必ず気が大きくなって、さて、どこへ遊びに行こうかと考える。一夕、「辻留」へ行って酒飯も悪くないし、新幹線で長野まで足を延ばし、野沢温泉の「住吉屋」に一泊も悪くない。

日ごとに寒さがつのるこの時季。ゆっくり温泉に浸って、それから「寒夜鍋《なべ》」……やっぱりこれか。秋の住吉屋名物「滑子《なめこ》の酒しゃぶ」もたまらないが、雪見酒で寒夜鍋というのもたまらない。

住吉屋自慢の寒夜鍋とは、雪国ならではの身体の芯《しん》まで暖まる酒粕《さけかす》仕立ての鍋である。

具がにぎやかだ。白菜、水菜、春菊、長葱《ながねぎ》に椎茸《しいたけ》、しめじ、人参《にんじん》、大根。雪国の暮らしの知恵から生まれた保存食材の芋がら。それに油揚げ、焼き餅《もち》、豚ばら肉、甘塩鱈《だら》。さらに塩鮭《しおざけ》、鶏《とり》団子、海老《えび》団子。これに加えて土地の名物・刻み野沢菜漬。薬味に切り柚子《ゆず》。

鍋に昆布《こぶ》鰹出汁《かつおだし》と酒を張り、とろみが出るくらい酒粕を溶き入れ、淡《うす》い塩味にする。これに右の具の数々を入れて煮ながら、七味を振ったポン酢で熱々を賞味する。

ああ、食べたい……と、よだれが出そうになったところへ、山妻の声がして、

「お父さん、また何か美味《おい》しいものの夢でも見ているんでしょう。何の夢?」

「住吉屋の寒夜鍋」

「あれだけ贅沢《ぜいたく》に具を取り揃《そろ》えた鍋は、うちじゃ無理だものね。それでもやっぱり今夜も鍋ですか」

「牡蠣《かき》鍋で行こう」

一月から二月にかけての口福として、牡蠣は拙亭ではその登場頻度においてトップスリーに入るだろう。広島の地御前の一徹な牡蠣職人・川崎健の「健牡蠣」が手に入ったときは生牡蠣と焼き牡蠣だが、近所のスーパーでむき身を仕入れてきたときは牡蠣鍋か牡蠣フライである。

牡蠣鍋は広島流の味噌《みそ》仕立ての土手鍋が定番とされているが、わが家では亡師から教わった通りの小鍋立てで、むき身のしゃぶしゃぶをポン酢もみじおろしで食べるほうが多い。薬味にはへぎ柚子。酒は辛口の本醸造を冷やでやる。

牡蠣狂で有名だったのは文豪バルザックで食いしん坊としても知られ、多額の借金と原稿書きに二カ月呻吟《しんぎん》し、ようやく解放されたその晩、なじみのレストランへ駆け込み、オステンデの牡蠣百個、羊のカツレツ十二枚、鴨《かも》一羽、うずら三羽、舌びらめ一枚を一気に平らげた……と伝えられている。

まだ若くて体力気力に自信があった三十年前の話だが、一度バルザックの記録に挑戦を試みたことがある。生牡蠣にレモンを滴《したた》らせて三十個、焼き牡蠣で十個。そこで敢《あえ》なくダウンし、大文豪の胃の腑《ふ》の大きさに無条件で脱帽した。そういえば池波正太郎も、その年齢を考えれば「大した健啖家《けんたんか》」だった。一回り以上若い書生のほうが、いつもたじたじだった。小物は胃の腑も小さい。

これから山妻と二人で牡蠣の小鍋立てを始めようというとき、最近結婚したばかりの若い編集者夫婦が電話を寄こして、「披露宴に来て頂けなかったので、これからちょっと伺います。玄関先でご挨拶《あいさつ》だけして、新婚旅行のおみやげをお渡しして、すぐ失礼します」

まさか、そのまま帰すわけには行かない。鍋の材料をふやし、即席の紙折敷《おしき》を用意して不意の客を迎えた。この日、紙折敷に書いたのは、

酒市魚行是梵宮《しゅしぎょこうこれぼんぐう》

この一句だった。出典は知らないが、気に入って座右の銘にしていることばだ。酒市は酒を飲む所。魚行は肴《さかな》を食う所。梵宮とは悟りの場。飲み食いの場はすべて悟りの場、その覚悟で酒飯せよという教えである、と私は勝手に解釈している。

若い二人はよく食べ、よく飲み、「記念にこれ頂きまーす」と紙折敷をバッグに入れ、ご機嫌で腕を組んで帰って行った。数日後、夫婦連名の礼状が届き、「鉢山亭こそ我が梵宮。いつかまた悟りを開きに伺わせてください」。あの二人には負けた。

寒鰤　寒鯉　寒仕込み

一月も半ばを過ぎれば正月気分はすっかり消えて、さあ仕事、仕事……ということにならなければならないと承知しながら、実はまだ一つ二つ新年会の予定があったりして、なかなか頭が「仕事モード」に切り替わらない。

生来、何が嫌いかといえば働くことが何より嫌いで、なんで一生働かなくても済むような大金持ちのボンボン息子に生まれなかったのかと、それだけが残念である。

しかし、金持ちには金持ちの苦労がある。そのことを知ったのは、十年間、池波正太郎の書生を務めたからだった。晩年は毎年必ず作家部門で、長者番付の一位にはならなくても十位以下にはならない超売れっ子作家。その鬼平先生を横で見ていて、つくづく大流行作家が可哀《かわい》そうになった。何億という印税が入ってくるのに、それを使う途《みち》も、使う時間もない。

何年か続けて亡師はフランス周遊旅行を年中行事としていた。先生夫妻と、運転手兼カメラマンと、それに鞄持《かばんも》ちの私の四人旅である。短くて二週間、長いときは三週間の旅だった。むろん費用は池波正太郎の丸抱え。

出発の一週間ほど前に荏原《えばら》の池波邸に呼ばれて行くと、目の前にドカンと帯封のままの大金を積まれて、

「今度のフランス行きは、これでまかなってくれ。たのんだぞ」

その金が半端ではなかった。三週間旅行のときは何と七百万円である。七つの百万円の束を預かって帰る道中で、（これ持ってトンズラしようか……）と、思ったものだ。東京＝パリ往復の飛行機代はとっくに支払い済みで、現地費用が七百万円なのだ。

ホテル代や料理が世界中で一番高いのは多分東京で、フランスもパリだけは一応それなりの料金を取るが、一歩パリを離れて田舎巡りを始めたら、途端に信じられないほど万事が安くなる。

で、結局は大名旅行もあと一日か二日で終わりという頃になると、大先生は地団駄を踏んでくやしがり、勘定方の書生を怒鳴りつけることになる。

「きみ。これじゃ金が余ってしまうじゃないか！　きみも少しは金を使うことに協力

したらどうだ！」

もう二十年以上も昔の話だ。当時の七百万円はいまならいくらになるだろうか。あのとき私がこっそり百万円の札束を一つポケットに入れても、池波正太郎は何ともいわなかったに違いない。いまにして思えば、亡師はそういう形で書生に小遣いをやろうとしていたのだろうとわかるが、すでに手遅れである。私はあまりにも未熟だった。いまの私なら、ありがたく万札の束を一つ頂戴《ちょうだい》して、それで私流の大名旅行に出かけたかもしれない。百万円あれば、いまだって相当な豪遊ができる。行くとしたらどこがいいか……と、馬鹿《ばか》なことを考えた。

間もなく大寒。二十四節気の一つである大寒は「太陽が黄経三百度に位置する日」と辞書にあるが、私には何のことやらわからない。しかし、黄経はチンプンカンプンでも、大寒が文字通り一年中で一番寒い時節であることだけはわかる。

古来、「寒」は美味の代名詞である。酒・味噌《みそ》・醬油《しょうゆ》などは「寒仕込み」が最も優良とされ、寛政年間までは「寒酒」が至高の美酒の同義語だったという。

寒鰤《かんぶり》、寒鯖《さば》、寒鮃《びらめ》、寒鮒《ぶな》、寒蜆《しじみ》、寒鯉《ごい》、寒卵に寒餅《もち》……と、こう書き並べてみるだけでよだれが出てくるが、頭に「寒」の一字がつかなくても、この時季ならではのうまいものにフグがあり、カニがある。

フグを食うなら絶対に大阪だ。東京では高嶺《たかね》の花で指をくわえているしかないフグも、大阪でなら自前で堪能《たんのう》できる。高くてうまいは通用せず、安くてうまいでなければ相手にもされない土地柄。ましてや全国のフグ料理屋の七割が集中してここにあるという〝フグ激戦区〟なればこそである。

いまが旬《しゅん》のズワイガニなら、行くべきは山陰か越前《えちぜん》か、はたまた加賀か。堂々として貫禄《かんろく》のある雄よりも雌のズワイ、加賀でいう香箱が私の好物だ。

しかし……と、貧乏書生は考える。寒の口福を求めて、まず越前へ行き、大阪へ回って、カニとフグを堪能するとなると、飛行機代と新幹線代が馬鹿にならない。一日では無理だから宿賃もかかる。亡師からの軍資金をかすめ損なったいまとなっては、所詮《しょせん》、豪遊は見果てぬ夢。

となれば行くべきところは、たまたま数年前に見つけた「西安飯荘」しかない。東京はJR五反田駅から歩いて四、五分。西安飯荘名物の「鴛鴦火鍋《ユエンヤンホーコー》」またの名を「中国式しゃぶしゃぶ二色鍋《なべ》」あるいは「麻辣湯《マーラータン》」、これなら一人前二千二百円（だったと思う）。私でも大威張りで週に一度は行ける。寒の何よりのご馳走《ちそう》は「火」である。即《すなわ》ち鍋物。「火鍋」とくれば文句なしだ。

鴛鴦火鍋は真ん中で二つに仕切られた鍋を用い、一方には数え切れないほどの唐辛子が入っていて見るからに辛そうな、真っ赤なスープ、もう一方には辛くないさっぱり味のスープが張ってある。

肉、魚介、野菜、豆腐、春雨などを、この二色鍋でしゃぶしゃぶして食べる。何をどちらのスープでしゃぶしゃぶしても、それは客の好き勝手。

しゃぶしゃぶしてつけるタレも胡麻《ご ま》ダレとニンニクダレの二種があり、これも好きなようにすればいい。このタレもなかなか凝っていて、胡麻ダレの場合はニラ、腐乳、砂糖、黒酢、白酢、芝麻醬、胡麻油を調合してある。

十数種の薬味が入っているスープといい、二種のタレといい、これは完全に薬膳《やくぜん》料理である。医食同源という中国人の思想がこの鴛鴦火鍋に見事に集約されている。

西安飯荘の店主の説明によれば、鴛鴦火鍋を中国全土に広めたのは清朝《しんちょう》の第六代皇帝、乾隆《けんりゅう》帝その人だそうである。乾隆帝はインドシナ半島まで大征伐を行い、史上空前の大帝国を築いた人物として歴史上に名高いが、これが鴛鴦火鍋普及の祖とは知らなかった。

南方征伐の途上で火鍋を知った乾隆帝は、「これぞ薬膳料理の理想を具現したものである」と、お墨付きを与えて中国全土に広めさせたという。

中国四千年の食文化に改めて脱帽した。実をいうと私は、うまけりゃ毒でもいいという主義。薬膳の効能はどうでもよい。しかし、鴛鴦火鍋は文句なしにうまい。これをせめて一度、亡師に食べさせたかった……。

河豚は食いたし　命は惜しし

貫一《かんいち》ぐもり。いまどき、こんなことばを知っている人はどれだけいるだろうか。ほとんど死語だろう。世の中、変わった。

貫一ぐもりとは一月十七日の夜が曇り空になることをいう。明治の文豪・尾崎紅葉が新聞に連載して熱狂的ブームを捲《ま》き起こした小説『金色夜叉《こんじきやしゃ》』の主人公が間《はざま》貫一だ。

高等中学生の貫一には鳴沢宮《しぎさわみや》という婚約者がいたが、宮は貫一を捨てて金持ちの元へ走る。熱海の海岸に宮を呼び出した貫一は、学生服にマントを羽織った姿で、宮にいう。

「可《い》いか、宮《みい》さん、一月の十七日だ。来年の今月今夜になつたならば、僕の涙で必ず月は曇らして見せるから」

今年の一月十七日の夜はどうだろうか。晴れても曇ってもどうでもよいが、このあたりから日ましにつのる寒さが貧乏書生にはこたえる。二十日頃が大寒。せいぜいうまいものを食って一所懸命に酒を飲むしかない。

まいものに事欠かない。寒蜆《かんしじみ》。寒鰤《ぶり》。鮟鱇《あんこう》。牡蠣《かき》。鮃《ひらめ》もまさに旬《しゅん》。金目鯛《きんめだい》、赤魚鯛、甘鯛、どれも鯛と名乗っているものの鯛ではないが、この時季は滅法うまい。しかし、寒の口福の極致といえば、やっぱりフグか。フグは一般に河豚と書くが、これは漢字の御本家・中国ではフグは淡水産で大河に棲《す》み、豚のように太ってブーブーと鳴くからである。たまに鰒という表記も見るが、これはフクの音を借用しての日本だけの当て字で、鰒とは本来、鮑《あわび》のこと。

河豚も鰒も気に入らないから、やむを得ずフグと書く。フグ、フク、古くはフクト。いずれも語源は「吹く」に由来する。この魚は海底の砂泥を物凄《ものすご》い勢いで吹き飛ばし、そこから舞い上がるゴカイなどを捕食するのが特技。一吹きで直径十五センチもの穴があくという。それにしても昔の人がどうしてフグが吹くのを知っていたのか、不思議だ。

フグが他のどんな魚とも決定的に違う理由は、いわずとしれた猛毒にある。テトロドトキシンと呼ばれるフグ毒は、その毒性が青酸カリの六百倍とも千倍ともいわれている。

当たればズドンと一発で即死、だから別名を「鉄砲」という。鉄砲の刺身だから略して鉄刺《てっさ》、鉄砲のちり鍋《なべ》は鉄ちりだ。江戸初期の俳書『毛吹草《けふきぐさ》』にいわく、

河豚は食いたし　命は惜しし

命がけでフグを食う物好きを芭蕉《ばしょう》は「ふぐ汁や鯛もあるのに無分別」と笑った。そのご当人が一度フグの味を知るや、「ふぐ汁や阿呆《あほう》になりとならばなれ」である。それほどにフグはうまいということだ。

フグ料理といえばたいていコースで、にこごり、刺身、唐揚げ、ちり鍋、そしてしめくくりに雑炊というのが定番だが、池波正太郎からは「フグ丼」なるものを教わった。お供をした料理屋で初めて食べさせてもらったときは、それが何だかわからず、あまりのうまさに無我夢中で平らげて、亡師に笑われたものだ。フグ丼とはどういうものか。まず、フグ刺しにする上身《じょうみ》を細切りにし、煮切った土佐醤油《しょうゆ》に約一時間漬け

込んだ後、これを卵黄で和《あ》えて、熱々のご飯にのせ、真ん中にうずらの卵を一つ割り落としたものである。行儀は悪いが丼の中をワーッとかきまぜて一気にかき込めば、（ああ、もう死んでもいい……）という気になる。

フグは世界中に約百種もあり、日本近海でも三十種と聞くが、食用としてわれわれに大事なのはトラフグ、カラス、ショウサイ、マフグのわずか四種で、トラフグがフグの王者とされている。

トラフグは胸びれのすぐうしろに大きな黒斑《こくはん》があり、背面と腹一面に小さなトゲが密生している。ショウサイやマフグ（別称はナメラ）にはトゲも黒斑もない。ところがカラスは一見トラフグそっくり。食味も上等で、世間には「トラフグの黒」で通っている。見分ける法はただ一つ。トラフグの臀《しり》びれは白いが、カラスの臀びれは黒い。まァ、トラフグとカラスの区別にもまして肝腎《かんじん》なのは、いまや天然物か養フグかということだ。元の魚体を見れば、同じトラフグを名乗っていても、大体区別はつく。天然物は尾びれに傷がない。狭いところに過密状態で肥育される養フグは、ストレスが大きいからつねに気が立っていて、お互いに咬《か》みつき合う。養フグはたいてい尾びれの一部が咬み切られている。

しかし、フグ屋へ行っても、われわれは姿かたちそのままの丸ごと一匹のフグを見ることはない。だから出されたフグが天然物か養フグかを判別するには、自分の舌にたよるしかないことになる。

東京は下谷のさるフグ専門店のおやじの言では、「鍋にしたときに出るコク、味、うまみ……これが養フグにはないんだよ」。そういわれても滅多にフグを食べない庶民としては、結局、判別は不可能である。その店を信用するか否《いな》か、それだけだ。

清水の舞台から飛び降りたつもりでフグ屋へ行ったとき、たいていの人はヒレ酒を頼むが、私はヒレ酒だけは断る。せっかく、これだけうまい酒に、なんで余計な味や香りをつけなきゃならんのか……と思うからだ。ついでにいえば岩魚《いわな》の骨酒も飲まない。私が酒に入れることを認める唯一《ゆいいつ》のものは氷である。純米大吟醸や原酒のときだけ、そのときの気分によってオンザロックにしたりする。

私の大学の先輩で、高名な俳優で、食いしん坊のエッセイストとしても知られていた渡辺文雄と、一度フグ屋で対談をしたことがあった。先輩は熱燗《あつかん》にフグ刺し一切れをしゃぶしゃぶし、白濁したコップ酒を飲みながら、「これはうまいよ……」。それでも私は持論に従って、先輩の言を拒否した。まったく可愛気《かわいげ》のない後輩だ。いまは亡《な》き先輩に合掌。

フグ刺しを食うのに欠かせないものはポン酢である。ポン酢がなければフグ刺しもあり得ない。このポン酢というやつ、フグ屋によって一店ごとに全部味が違う。

半分仕事、半分道楽で、これというフグ専門店をせっせと食べ歩いた結論として、私にいわせればフグ用のポン酢の日本一は山口県岩国の「吾作」のそれだった。八百谷辰春という一徹な料理人が生涯かけて完成したという、その吾作ポン酢を超えるポン酢に出会ったことがない。八百谷辰春はすでに引退し、いま吾作がどうなっているのか知らない。

しかし、吾作の頑固おやじが秘伝としていたポン酢の味は、しっかりといまも私の舌に残っている。毎年、秋になると、私は鉢山亭流ポン酢の仕込みに忙しい思いをする。大量の酸橘《すだち》や柚子《ゆず》を一つ一つ指で搾《しぼ》ると、指がバカになって三、四日ペンが持てなくなる。われながらバカな話だと思うが、ポン酢作りのためならいたしかたない。

そのポン酢でフグを食うわけではない。河豚ならぬ豚しゃぶだ。手製のポン酢で食えば豚しゃぶといえども至高の冬の口福なり。

浜焼鯛　鯛豆腐　鯛雑炊

水仙や海鳴りを父雪を母（有働亨《うどうとおる》）

春になってから鮮やかな黄一色に咲くラッパズイセンも嫌いではないが、それよりもやはり冬の最中《さなか》、海岸の身を切るような潮風にさらされて清々《すがすが》しく咲くニホンズイセンの凜《りん》とした姿。水仙はこれにとどめをさす。

別名、雪中花。原産地はヨーロッパのどこかで、日本へは平安末期に中国から水仙華という名前とともに伝わったといわれている。水仙は見た目には楚々《そそ》として可憐《かれん》だが、他のヒガンバナ科の植物と同様、その球根には毒を秘めているとか……。

外側が白で真ん中だけ黄色い水仙は、その姿のよさにもまして香りがたまらない。

一茎多花のニホンズイセンは千葉、伊豆、淡路、福井などの海岸に野生化している。一度、越前《えちぜん》海岸へ蟹《かに》を食べに行ったとき、すぐ近くに群生している水仙を見た。まわりじゅう水仙の崖《がけ》っぷちで目をとじると、何ともいえない芳香に包まれて、涅槃《ねはん》の境地とはこのことかという気がしたものだ。

地球温暖化とはいえ、この時季の寒さは老骨にはこたえる。「大寒」とはよくぞいける。ほとんど毎晩、鍋《なべ》の湯気に鼻を突っ込んで暮らしているが、古いつき合いの酒敵を迎えることになって（また、いつもの豚しゃぶでは能がなさすぎるか……）と一考し、そうだ、久々に鯛《たい》豆腐にしようと思いついた。

池波正太郎は鯛が大好物で「鮪《まぐろ》よりも何よりも、刺身なら鯛」だった。しかし、鯛の刺身で酒を飲むのではなく、御飯を食べる。鯛で酒を飲むなら鯛豆腐だった。折詰の冷たくなった鯛の塩焼きで出汁《だし》をとり、これで豆腐を煮ながら食べるのだ。

そこで酒敵のために気張って、尾道《おのみち》から鯛の浜焼を取り寄せた。竹の皮を編んだ笠《かさ》を開いて尾頭付きの見事な真鯛を取り出すと、早くも生つばが湧《わ》く。

真空パックのまま電子レンジで温めよと添付の説明書にあるが、拙亭のレンジは小さ過ぎて鯛一尾を丸ごと温めるなど無理な相談だから、大きな中華鍋《なべ》に湯をたぎらせ、そこへ鯛を入れ、最初は頭のほう、次はしっぽのほうと、交互に湯煎《ゆせん》する。

大皿に笹《ささ》の葉か葉蘭《はらん》を敷き、湯煎した熱々の浜焼鯛をパックから取り出してドンとのせれば、それだけで堂々たる酒席の花形。居ならぶ酒敵も目を輝かせて沈黙する。背びれに沿って庖丁《ほうちょう》を入れておくと、箸《はし》で簡単に皮がめくれて取れる。この皮は鱗《うろこ》のついたまま素揚げにすると、ちょっと洒落《しゃれ》た肴《さかな》になる。白い身はほどよい塩味がついているからそのままでもうまいが、好みで山葵醤油《わさびじょうゆ》あるいはポン酢も悪くない。ひたすら美肉をむさぼりつつ大吟を飲む。鯛は海魚の王。酒はやっぱり大吟醸でなければならぬ。やがて大皿に残るのは鯛の頭と中骨と、腹中にこれでもかというほど詰め込んであった昆布だけになる。

そこで今度は土鍋の出番となる。鍋に酒と水を半々に入れ、鯛の頭と中骨と昆布を入れてゆっくり煮出し、この出汁で豆腐と三つ葉を煮ながら食べる。これにはポン酢が一番よく合う。薬味にはもみじおろしに刻んだ万能葱《ねぎ》か浅葱《あさつき》がいい。

鯛の頭には驚くほど肉がたくさんついていて、これがまた滅法うまい。鯛の目玉は必ず奪い合いで喧嘩《けんか》の種になるから、あらかじめ年功序列と決めておく必要がある。さいわい私より年長の客はまずいないから、目玉の一つはいつも私の口に入ることになっている。

鯛豆腐の後は、雑炊をやらねばおさまらない。土鍋の汁をきれいに漉《こ》し、これで淡《うす》い塩味の雑炊を仕立てると、どんなに満腹でも二杯は軽く胃の腑《ふ》に滑り込んでしまう。これには「院の宴《うたげ》仕込み」とある九州・安心院《あじむ》産のポン酢がいい。安心院は知る人ぞ知るスッポンの名産地。この仕込みポン酢はスッポンエキスがたっぷり入っている。雑炊の代わりに、前以《まえもっ》て取りのけておいた身で鯛茶漬という手もあり、これもまたうまいこと筆舌に尽くし難い。

一尺ぐらいの鯛の浜焼となると、それなりに結構値も張るが、こうして四、五人で一匹をしゃぶり尽くせば、結局のところは安いものである。しかも料理の手間いらずで、もてなしにこれほど重宝なものはない。

浜焼鯛は、その名の如《ごと》く、浜の製塩作業から生まれた素朴な漁師料理だ。塩田の釜《かま》焚《だ》きでできたばかりの熱い塩を、竹を敷きつめて筵《むしろ》を敷いたその上にワーッとあける。熱気を噴き上げる塩の中へ、鯛でも鯖《さば》でも鰆《さわら》でも、揚がったばかりの魚を突っ込んでおく。塩が冷めて石のように固まるのを待って、木槌《きづち》と鳶口《とびぐち》で塩を割り砕くと、浜焼という至福の美味がそこにある。

そういう浜の漁師料理だった浜焼鯛が、江戸時代、八代将軍吉宗《よしむね》の頃から、将軍家への献上品に出世する。広島藩主の手土産といえば名産の鯛にまさるものはないが、生の鯛は無理。浜焼鯛なら江戸まで運んでも問題ない。

そこで献上浜焼鯛のパッケージをどうするかというとき、たまたま農夫が作業用にかぶる竹皮製の笠が目についた。伝八笠である。見た目にも野趣があって風流。頭にかぶるものだから、これで将軍様の鯛を包んでも不敬にはあたらない。こうして伝八笠が浜焼鯛の目印になった。「下にも置かず」という気持ちがそこに籠《こ》められている。

明治末期、確か日露戦争の年だったと思うが、わが国の製塩業は官制となり、同時に塩田を利用した副産物の鯛の浜焼も製造禁止になった。浜焼鯛は日本の食文化の歴史に残る傑作である。それをあっさり切り捨てたのだ。役人のやることはいつもこんなものだ。

これを惜しんで郷土名産「鯛の浜焼」を守るべく日夜自家製法の研究に没頭し、二年にわたって試行錯誤を繰り返した末に、ついに独特の屋内浜焼法を完成したのが尾道「ウオスエ」の初代・堺本末松だった。

餅米《もちごめ》を蒸し上げる原理を塩と鯛に応用した画期的な製法である。「目出タイに喜コブ」でなきゃいかんという初代末松の家訓は四代目堺本達也の現在も守られていて、だからウオスエの浜焼鯛にはいまも昆布がぎっしり詰めてある。

ウオスエは天然の真鯛しか使わない。姿かたちも脂《あぶら》の乗り具合も申し分ない鯛を百匹そろえるには、その倍の二百匹の鯛を買い込まなければならない。それでも「ヨーダイ（養殖鯛）を使うくらいなら商売をやめる」と、三代目はいっていた。いつまでウオスエの鯛の浜焼が続くか、心配だ。頑張れや、四代目。

六、亭主八杯の部

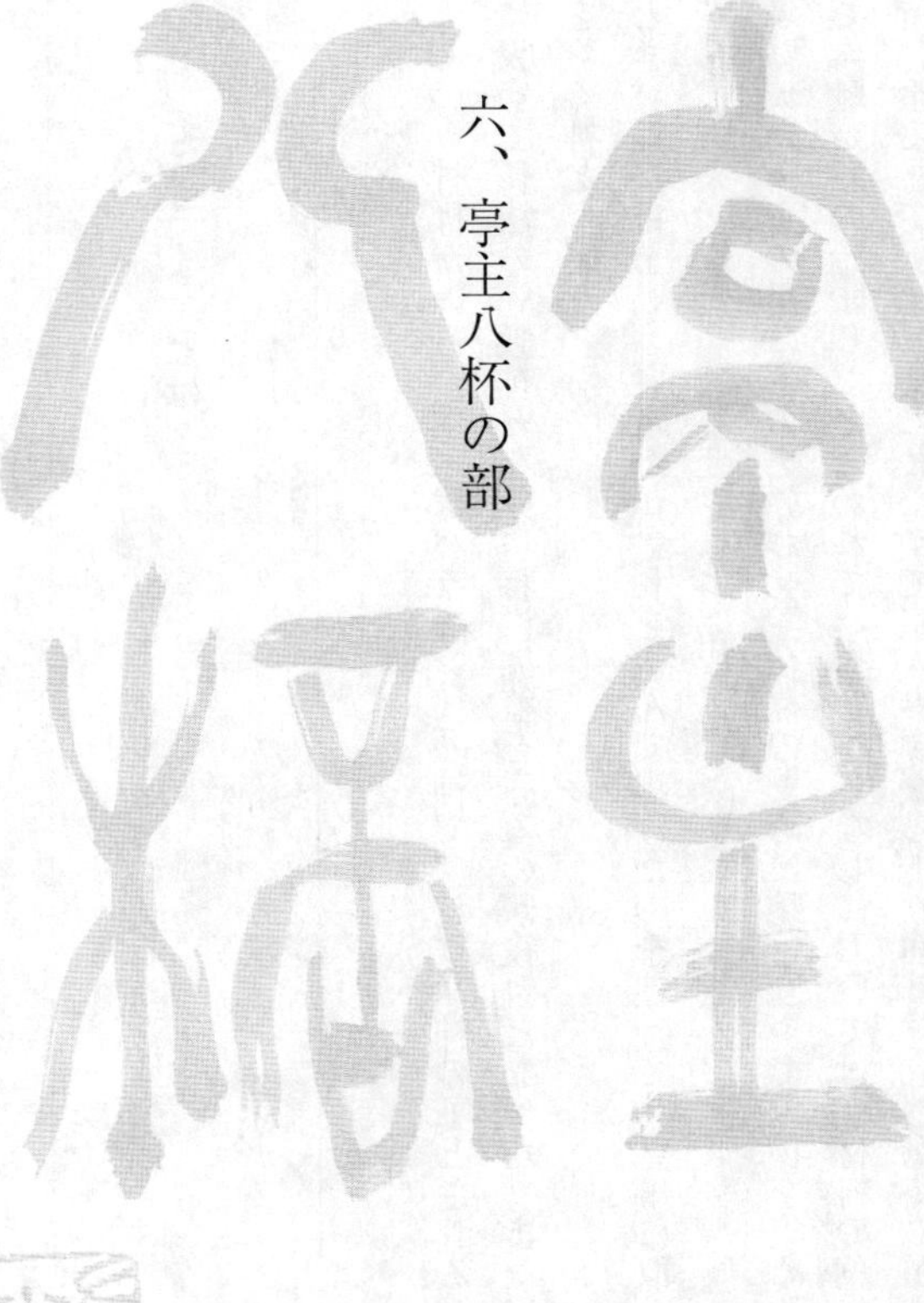

「ごちそうさま」とは……

韋駄天《いだてん》という神様がいる。本来はバラモン教の神で、シヴァ神の子とされる。それが仏教に入って仏法の守護神となり、特に伽藍《がらん》を守るのが役目となった。また、小児の病魔を除く神ともいう。

あるとき、捷疾鬼《しょうしつき》という悪者が仏舎利を盗んで逃げたのを追って、見事に取り戻したことから、古来、「足の速い神」として知られている。

この韋駄天が得意の足にものをいわせ、仏様のために馳《か》け回って食物を集めた。それが即《すなわ》ち「馳走《ちそう》」の始まりだといわれている。もてなしにおいては、材料の蒐集《しゅうしゅう》から調理接待に至るまで、すべてにわたって主人みずから走り回り、立ち働くのが本来の姿。それでこそ迎える客のために心を尽くしたことになる。

そこで誠意のある饗応《きょうおう》を馳走と呼んだ。それがやがて日常の食膳《しょくぜん》に対しても、美味への賛辞と感謝の念を表すことばとして「ごちそうさま」というようになったそうな。本当に心のこもったもてなしを馳走というのであれば、どこで何を食べようと、食べ終わって帰るとき店に対して「ごちそうさまでした」といってもおかしくないわけだ。

それをこのバカジジイは、若い者を連れて食べに行ったとき、若者が店主に「ごちそうさま」というのを聞くたびに怒っていた。

「お前、今日はだれがご馳走したんだ」

「そりゃ、先輩です」

「だったら、ごちそうさまでしたはオレにいうべきだろうが」

「じゃ、お店には何といえばいいんですか」

「美味《おい》しかった、また来たいといえ」

「わかりました」

これはどう考えても私の間違いというしかない。いささか手遅れではあるが、これから気をつけるようにしよう。

茶道の聖書といわれる『南方録』の一節にこうある。

「宗易《そうえき》（利休）へ茶ニ参レバ、必《かならず》、手水鉢《ちょうずばち》ノ水ヲ自身手桶《ておけ》ニテ運ビ入ラルル程ニ、子細ヲ問候《といそうら》エバ、易ノイワク、露地ニテ亭主ノ初《はじめ》ノ所作ニ水ヲ運ビ、客モ初ノ所作ニ手水ヲ使ウ。コレ、露地草庵《そうあん》ノ大本也《たいほんなり》。此《この》露地ニ問イ問ワルル人、互《たがい》ニ世塵《せじん》ノ汚《けが》レヲススグ為《ため》ノ手水鉢也。寒中ニハ其寒《そのさむき》ヲ厭《いと》ワズ汲《くみ》ハコビ、暑気ニハ清涼ヲ催シ、倶《とも》ニ皆奔走ノ一ツ也……」

　ここで利休のいう「奔走」と馳走の意味にはまったく変わるところはない。真のもてなしとは金に飽かして贅沢《ぜいたく》な珍味佳《か》肴《こう》を集めることに非《あら》ず。たとえ手水鉢の水でも亭主みずからせっせと運ぶこと、それが馳走。

　ということになれば、貧乏書生としてはかえって気楽でもある。要は客のために目一杯一所懸命に走り回ればいいわけで、その結果どんな材料がどれだけ集まったかは気に病むには及ばないわけだ。

　と開き直るにしても、週末に若い後輩夫婦を招くにあたり、何を出すべきか……アル中ハイマー書生なりに考えた。四年前から癌《がん》闘病中の山妻のために、毎週介護の手伝いに来てくれている夫婦である。彼らのおかげで、まだカミサンも亭主も何とか保《も》ちこたえている。たまにはその労をねぎらいたい。

あれこれ思案した末に、自分が大好きで、これは絶対うまいと思うものを出すしかないと決めた。青柳《あおやぎ》と大星、小星。鮨屋《すしや》でこれがあると食べずにはいられない私の大好物だ。多分、時季的にいまが最後のチャンス。

青柳は「江戸前」の孤塁を守る貴重な食材の一つである。青柳が漁《と》れるのは外洋と内湾の潮がまじりあう東京湾富津《ふっつ》岬のあたりで、ナライと呼ばれる北風が吹くと浜一面が青柳で埋め尽くされた……と、土地の古老から聞いた。すぐ近くに「青柳」という漁村の名があり、そこの人がよく江戸へこの貝を売りに来たから、貝の名も青柳になったという。

鮮度がよければ、そのまま刺身で山葵醤油《わさびじょうゆ》が一番である。ほのかな甘みと、独特の香りがたまらない。鮮度にいささか心配なしとしない場合は、さっと熱湯をかけて霜降りにした後、ぬたにする。

青柳と焼き豆腐の小鍋《こなべ》立ても悪くない。青柳を薄い塩水でよく洗い、焼き豆腐は適当な寸法に切り、独活《うど》は皮をむいて短冊《たんざく》に切る。春菊の葉先だけを摘んでおき、材料一式をざるに盛り合わせて、小さな土鍋で出汁《だし》を煮立て、少しずつ煮ながら食べる。

青柳こと本名は馬鹿貝《ばかがい》の主産地は東京湾の他、伊勢湾、瀬戸内海などだが、どこで漁れた馬鹿貝も千葉の浦安へクール便で急送され、「江戸前の青柳」になる。馬鹿貝をむき身にする手間は蛤《はまぐり》や浅蜊《あさり》のように簡単ではなく、昔から「貝の町」浦安にしかその技術がないからだよ……とは築地の魚河岸《うおがし》で聞いた話。

古い川柳に、「浦安と早稲田は馬鹿で蔵を建て」というのがある。早稲田はその昔、茗荷《みょうが》の名産地だった。茗荷を食べると物忘れするとか馬鹿になる……といういい伝えがあるのはご承知の通りだ。

親は馬鹿貝といわれているが、その貝柱は小柱《こばしら》とかあられと呼ばれ、玉の輿《こし》に乗って女王様扱いされる。親まさりの見本である。さっくりとした歯切れのよさ、何ともいえない海の香り、その甘み。まさに海の珠玉と呼ぶにふさわしい。当然、値も張るが。

一つの貝から大小二つの貝柱《はしら》がとれる。大きいほうは〝大星〟、小さいほうは〝小星〟。三浦半島の御用邸から遠くない秋谷海岸に「葉むら」という天ぷら屋があり、ここのしめくくりに出てくる「大星丼」が私にとっては日本一だ。

小柱はちょっとでも火を通し過ぎると固くなってうまさが半減するから、天ぷら屋の職人は小柱のかき揚げができれば一人前といわれる。葉むらの主《あるじ》・関沢邦夫の大星を一粒揚げにし、塩昆布と一緒に飯にのせた大星丼は文句なしの絶品である。大星の一粒一粒がちゃんと揚がっていながら、噛《か》みしめれば芯《しん》はレアの刺身そのままだ。

うちで天ぷらは無理だから、しめは貝柱飯《はしらめし》にしよう。『仕掛人・藤枝梅安　春雪仕掛針』に、梅安と彦次郎が仕掛けの相談をする一場面がある。

――二人は膳《ぜん》をかこみ、酒を酌《く》みかわしていた。さっと煮つけた子もち鯊《はぜ》に、湯豆腐である。貝柱は後で、焚《た》きたての飯へ山葵醤油と共にまぶしこみ、焼海苔《やきのり》をふりかけて、たっぷりと食べるつもりであった。――

池波正太郎直伝の貝柱飯。これなら客が必ずお代わりというだろう。

結婚式に浮かれるべからず

水温《ぬる》む弥生《やよい》三月。月半ばを過ぎればはっきりと春を感じる。踏青《とうせい》の時候である。長い冬の間、暗い家の中に閉じ込められていた反動で、春ともなれば多少まだ朝晩に寒さは残っていても外へ出たくなる。青草を踏んで山野を駆けめぐりたくなる。踏青は文字通り「青草を踏む」の意で、今様《いまよう》のことばでいえばピクニックか。

この頃から結婚式も多くなる。外国では何故《なぜ》か「ジューン・ブライド」だが、日本では例年三月・四月、それに十月・十一月が結婚式のシーズンのようである。真冬は出かけるのが億劫《おっくう》だ。真夏に式服は勘弁してもらいたい。となれば春か秋の気候のいいときに結婚式ということになるのは当然だ。

二十四節気の一つ「春分」は、太陽の中心が春分点に達し、赤道上を直射して昼夜の長さがほぼ等しくなる日、と辞書にある。春分点が何のことかもわからないが、春分が彼岸の中日《ちゅうにち》で昼と夜の長さがほぼ同じということだけは知っている。年によってちょっとずれることはあるが、大体三月二十一日が「春分の日」で国民の祝日である。私事ながら拙亭では、この日が結婚記念日だ。今年は四十一回目ということになる。よくまァここまで保《も》ったものだ。辛抱のいい山妻に感謝せねばなるまい。

若い頃は結婚記念日を一応ハレの日として、然《しか》るべきフランス料理屋へ行ったり、小旅行をしたりした。十年ぐらい前からは自亭でささやかに、夫婦でシャンパンを一本空けるだけである。このとき肴《さかな》はフレンチ・フライド・ポテトと決まっている。「シャンパンにはフライド・ポテトだよ。それが粋というものだ」が口ぐせだった亡師を偲《しの》んでのことである。

普段はもっぱら日本酒の拙亭だが、この日だけはシャンパンでなければならない。それというのも四十一年前のわれわれの結婚式は（まるで金がなかったから）、私の母校の大学の庭で、青空の下で二本のシャンパンを集まってくれたみんなと飲んだだけだったからである。純銀のシャンパン・カップ一個で、みんなで回し飲みをした。恥ずかしながら一個しか買えなかった。

その日のシャンパン・カップに集まった全員の名が刻んである。名を刻む手間賃がカップの値段とほぼ同じだった。毎年、その純銀製のカップで、夫婦でシャンパンを飲むのが我が家の結婚記念日セレモニイである。むろん、シャンパン一本は序の口で、そのあと延々と日本酒となるのはいうまでもない。

所帯を持った社会人としては、少なくとも三回、媒酌人の務めを果たすのが恩返しとされている。われわれも憂《う》き世の義理で、すでに三回、務めは果たした。

媒酌人となると、一応、新郎新婦を紹介した後で一言祝辞を献上しなければならない。私のいうことは決まっている。いや、私がいわないことは決まっている。絶対に「本日はまことにおめでとうございます」とはいわない。媒酌人がいきなり、「みんな何をそんなに浮かれているのか。何がおめでたいのか。私は今日は一言もおめでとうとはいわない」と切り出すと、会場がシーンとする。

そこで私は説明する。結婚式とは単に二人がスタートラインについただけのこと。この先、三年、五年、十年たっても二人が力を合わせて一所懸命に生きているかどうか……それはまだ、だれにもわからない。

「とりあえず十年後に、この二人が仲良く夫婦として頑張っていたら、そのとき初めて私は心からおめでとうをいわせてもらいます」

と、祝辞をしめくくる。一瞬また会場がシーンと静まり返った後、万雷の如《ごと》き拍手の渦となることになっている。夫婦の夫婦たる所以《ゆえん》は持続にある。十年でやっと少し夫婦らしくなり、二十年で夫婦なんだよなァと実感し、三十年目からやっと本物の夫婦になる、と私は思っている。

本物の夫婦か、そうでないか、どうやって判別するか。簡単なことだ。その日、メンチカツ一個でも、湯豆腐でも、おでんでも、二人で分け合って「美味《おい》しいわね」「うん、うまいナ」と、二人で楽しく酒飯できれば、それが夫婦だ。

二人で酒が飲める、これが肝腎《かんじん》である。結婚して十五年間、カミサンは一滴も飲めなかった。だから旅にも外の食いもの屋へも、一切連れて行かなかった。それがある日、「あたしも飲む訓練するから、お父さんが美味しいと思った店へ全部連れてって」「よかろう」。その理由は「自分もいつ死ぬかわからない」と思い始めたからのようだった。

一年間飲む特訓をしたら、何と、敵のほうが私より酒に強くなってしまった。一緒の旅が楽しくなった。食べ歩きもよくするようになった。それから段々と夫婦らしくなった。カミサンを酒敵とすること。どうもこれが夫婦永保ちの秘訣《ひけつ》のようである。まさに「酒に十徳あり」だ。山妻が酒飲みにならなかったら、いまの拙亭はあり得ない。

先週、姪《めい》っ子が結婚式を挙げた。山妻が体調を崩しているので、私だけが出席した。大体、結婚披露宴では本当にうまいものにありつくことは、まずない。だから近年はお祝いだけ送って列席はしないのだが、姪っ子とあっては出ないわけにいかなかった。

その、姪っ子が亭主を連れて来週末に来る。伯母さんに彼を紹介しなくちゃいけないからというわけだ。どうせ、たっぷりご馳走《ちそう》にあずかって帰ろうという魂胆。何か用意しなければならぬ。「お父さん。何を出せばいいかしら」「よし、おれが考える」

新婚さんには蛤《はまぐり》と昔から決まっている。蛤は神の完璧《かんぺき》な造形である。ただ形が美しいだけでなく、蛤の上下一対の殻は幾千幾万個集めても「元《もと》の一対でなければ決してぴたりと合わない」という神秘性を持っている。

「一夫一婦のあるべき姿を象徴するものとして、婚礼の献立に蛤の吸物が欠かせないのはそのためだ。江戸時代、享保《きょうほう》年間に八代将軍吉宗の発意で始まった習わしだよ」

と、池波正太郎に聞いたことがある。

しかし、蛤は安くないから、焼蛤ぐらいで勘弁してもらい、しめくくりは亡師直伝の深川飯にするか。油揚げ、豆腐、葱《ねぎ》を刻み、浅蜊《あさり》のむき身を加え、味噌《みそ》仕立てでさっと煮たのを丼飯《どんぶりめし》へかけてかき込む。

「いまは深川飯といっているようだが、おれの子供の頃は食べ方そのままに〝浅蜊のぶっかけ〟といってたよ。浅蜊と刻み葱だけで醬油《しょうゆ》仕立てというのも悪くない」と、教わった。

門出の祝いになぜ餃子か

「世の中は三日見ぬ間の桜かな」

あれほど見事に咲き誇っていた桜が、ちょっと三日も見ないうちにもう散ってしまったのか、はかないものよ……と世の無常を歎《なげ》く一句としてよく引用されるが、本当は「三日見ぬ間の」ではなく、「三日見ぬ間に」だと亡師・池波正太郎に聞いたことがある。「たった一字で意味が逆転してしまう。だから日本語は難しいんだよな」と。

四月の酒席の主題といえば花、すなわち桜と決まっているが、月半ばを過ぎれば花見酒の趣向も（東北や北海道は別として）いささか手遅れ。となれば何を酒席の主題とすべきか。花の月。行楽の月。考えてみれば「旅立ちの月」でもある。四月は卒業から進学へ、学生から社会人一年生へ、あるいは新しい職場への異動などもあって、いざ次なる人生のニュー・ステージへと旅立つ月。

門出の祝いなら立派に酒席のテーマとなり得る。人を招いて一献酌《く》み交わそうと思ったら、この「主題《テーマ》」というものが大事で、これをはっきり決めないと単に集まってダラダラ飲んだくれるだけに終わりやすい。逆に主題をきちんと決めれば、席の演出も、料理や器の取り合わせも、自然にしっくり決まる。

これも池波正太郎から聞いた話だが、古人は門出の祝いに菜と鶏《とり》の炊合《たきあ》わせを調えて、「見事に名取《なとり》になれ」と励ましたという。菜鶏に名取をかけての洒落《しゃれ》。考えてみれば、東京の雑煮は菜と鶏の名取雑煮。これも江戸っ子らしい洒落か。

名取の炊合わせは、材料も簡単なら作るのも簡単である。鶏のもも肉（胸肉はパサついてうまくない）を大ぶりに切り、濁りがなくなるまでよく水洗いした後、出汁昆布《だしこぶ》と共に中火にかけ、浮いてくるアクと脂《あぶら》を丹念にすくいとりながらコトコトと煮て、酒醤油《しょうゆ》で味を調えるだけのこと。鶏肉が柔らかくなったら火を止め、煮汁に塩ゆでした小松菜をひたして味をふくませる。器に鶏と菜を盛りつけてから、天盛りに練り芥子《がらし》。これでなかなかの門出を祝う一品となる。

しかし、黙って出したのでは、当節、名取と菜鶏の洒落もわからぬ手合いが少なくないだろうから、相手が発展途上の若者なら講釈して意味を教えるのが先輩の親切というものだろう。いいトシをしてその洒落にこめた亭主の心入れが通じないような奴《やつ》なら、黙って縁を切ればいい。

まず名取の炊合わせで酒を飲み始めるのはそれでいいとして、その後をどうするか。そこで一つのお手本になるのが大寄せの茶会である。お茶の後は、別室で縁高《ふちだか》という塗りものに握り飯（あるいは物相《もっそう》御飯）とちょっとした肴《さかな》二、三をあしらったものが供される。

これを点心という。

点心は「てんしん」と呼びならわされているが正しくは「てんじん」らしい。元来は仏家の間食のことで、正式の食事以外に口にする簡単なもの。「むねやすめ」ともいった。

この点心を指す優しい京ことばが「むしやしない」で、京女はお、の字をつけて「おむしやしない」という。初めて若い頃にそのことばを聞いてしびれた覚えがある。しかし、ことばの優しさと胸の奥のしたたかさとはまったく別物で、京女の底知れぬ恐ろしさを知るのに私は三十年もかかってしまった。

あまり空《す》きっ腹で酒を飲むのは健康上よろしくないのは自明の理。だから、おむしやしないでとりあえず腹の虫を落ちつかせつつ一杯やる。これはまことに理に叶《かな》っている。遥《はる》か古くからあることばのようで、「尊宿長老などに酒を燗《かん》をして果子肴をすすむるを叢林《そうりん》のことばにむしやしないの薬という」と『玉塵抄《ぎょくじんしょう》』なる古書にあり、また『沙金袋《さきんぶくろ》』という句集には「少し置くはむしやしないか野辺の露」の一句もある……と聞き及ぶ。

陽春四月、門出の宴にふさわしいおむしやしないとしては、土筆《つくし》の炊き込み御飯、いかと筍《たけのこ》と独活《うど》の木の芽味噌《みそ》和《あ》え、若竹煮、稚鮎《ちあゆ》の素揚げ……季節感のある食材なら何でもいいわけだが、何も和風に限ったものではない。血気さかんな若者を招いての一夕なら、こんなものではとても彼らの旺盛《おうせい》な食欲を満たすのは無理である。

そこで一つの妙案は餃子《ギョウザ》だ。

おめでたい門出の祝宴に何で餃子か、といぶかる人も多かろうが、これはもともと中国北方の年賀の祝いには不可欠の縁起物。大勢集まって何か祝い事をするとき、正月といわずいつでも、餃子は主役のおめでたい食べものなのだ。

餃子の誕生については有名な伝説がある。清朝《しんちょう》の太祖・努爾哈斉《ヌルハチ》が東北地方で浪々の身だった頃、長白山麓《さんろく》に出没する虎《とら》の怪物の話を聞き、大晦日《おおみそか》に出かけて行って見事に虎退治をした。村人は大喜びで虎の肉を細かく刻み、小麦粉の皮に包んで蒸し、正月に村中でお祝いに食べた。これが餃子の始まりだ……という話である。その後、なると弩爾哈斉の偉業を称《たた》えて、虎肉代わりの豚肉で餃子を作って食べるのが習わしになったという。

勇ましい伝説はともかくとして、餃子がめでたい縁起物とされているのは、あの独特の半月形と関係がある。往時、通貨代わりに使われていた元宝銀という銀塊に形がそっくり。それで新しい年の初めに「今年一年、お金に縁がありますように」と願って、一族揃《そろ》って餃子を食べるのである。

餃子というと、日本では鍋貼《グオティエ》（いわゆる焼餃子）のことだが、御本家の中国では、客をもてなすご馳走《ちそう》は蒸餃子《ジョンチャオズ》か水餃子《シュイチャオズ》に決まっている。鍋貼は本当の話、蒸餃子や水餃子の残り物を、翌日、捨てるのはもったいないからというので身内で焼いて食べた、いわば一種のしまつ料理。残った冷や飯を次の日チャーハンにというようなものだ。

しかし、焼餃子は焼餃子で文句なしにうまいのだから、餃子の本筋うんぬんに目くじら立てるのは馬鹿《ばか》気《げ》ている。

もともとは「残り物の再利用」とされる焼餃子がさらに残った場合、わが家ではどうするか。毎晩のようにやる鍋の具にしてしまう。

「鶏の水炊きなどをやって、最後にこれで雑炊か、うどんかというときに、焼き冷ましの餃子を入れて煮る。これはうまいぞ。やってごらん」

と、亡師に教わってからのことだ。いまはそのためにわざわざ焼いた餃子を残しておくくらいだ。

一期一会の覚悟　酒事にこそ

酒事では主題が大事である。主題のない酒事は単なる飲んだくれの宴会に終わる(それもまあ悪くはないが……)。

卯月《うづき》の酒事の主題は古来「花に寄せる」と決まっている。花はむろん桜。しかし月半ばを過ぎれば桜前線はすでに関東を通り越して、東北へ行ってしまっている。近所の目黒不動の八重桜はまだ散り残っているが、間もなく葉桜になる。桜を主題に飲むには遅過ぎる。

しかし、うちの庭の辛夷《こぶし》と卯の花はちょうど見頃だ。辛夷と古武士の語呂合わせで「こぶしの一席」を催すとするか。

そういえば辛夷の別名は「田打ち桜」だった。この白い花が咲き始めると田植えの準備にかかるからである。花ことばは、友情。親しい酒敵を迎える席の花として悪くない。

献立の主役はこの時季、普通なら桜鯛《さくらだい》だろうが、眼張《めばる》はどうか。「たけのこめばる」というくらいで、筍《たけのこ》と眼張はいまがまさに旬《しゅん》だ。これは炊《た》き合わせがいい。桜前線がずっと北の方へ去ったいまは、料理の味加減もおもむろに変えて行かねばならぬ。寒さの厳しい冬の間は濃い味に、夏の暑いときは淡味《うすあじ》に、というのが味加減の原則だが、その切り換えの目安が桜前線だ。

桜前線の通過する時期に合わせて調味の切り換えをすれば間違いがない。たとえば清《す》ま し汁なら、冬期は塩を微量にして醤油《しょうゆ》を多めにし、まったりと重厚な味にするが、晩春からは塩を少しずつふやして主とし、醤油を従としてわずかに添えるようにすると、さっぱりとした味になります――と、懐石名人・辻嘉一の『料理心得帳』にある。

いきなり筍眼張の炊き合わせというわけにもいかないから、その前に鳥貝の酢味噌《すみそ》和《あ》えを出す。活鳥貝が手に入れば刺身だが、なじみの鮨屋《すしや》にでも頼まない限りちょっと無理だ。しかし、さっと湯通しした鳥貝のぬたも、これはこれでうまい。

卯の花の匂《にお》う季節だから、卯の花も一品。たかが「おから」だが、しっかりと気合を入れて出汁《だし》をとり、これで丹念に煎《い》りつければ捨てたものではない。

数日前、見るともなく見ていたテレビの料理番組で、たまたま卯の花料理を教えていて、コツはまず卯の花をすり鉢でていねいに根気よくすること、といっていた。なるほど。

春は苦味を食すべしというから、ここで裏庭の蕗《ふき》を活用する。先月楽しんだふきのとうがもうすっかり蕗になっているが、これを茎だけでなく葉っぱも使うのが拙亭の流儀だ。よく洗ってざっと湯がいた後、全部を細かく刻み、無香性の太白胡麻《ごま》油で炒《いた》め、酒と醬油で味を調える。鷹《たか》の爪《つめ》を少し加えることもある。酒にも合い、飯にもよく合う。

どうせ筍を仕入れるのだから、しめくくりは筍飯と若竹椀《わん》にすればいい……と、ここまで考えて、献立を書いてみた。「客をするなら、献立を全部書き出し、じっくり検討して決める。それが亭主の役目。献立を女房まかせにするような男はダメだ」と、池波正太郎にいわれている。

まずは自家製の「ばくらい」。これは北海道の朱色が鮮やかな海鞘《ほや》の塩辛と七尾産のこのわたを和える。簡単ながら、この先付けを喜ばない酒徒はいない。

次に鳥貝と分葱《わけぎ》のぬた。それに卯の花。それから筍と眼張の炊き合わせ。いや、その前に焼き物がほしい。焼き物には手羽先を塩胡椒《こしょう》でローストするのがいいかも知れない。

箸休《はしやす》めに蕗の炒め物を少々。そうだ、筍の姫皮の梅和えも出すとしよう。あとは若竹椀と筍飯。

酒は、先付けにはとっておきの大吟。鳥貝から後は火入れをしない生酒にする。昔は蔵人だけの特権だった生貯生詰の正真正銘の生酒を、われわれも飲める時代になった。ありがたや、ありがたや。

献立を書き並べてみて考えた。どうも何か一つ物足らぬ観がある。四十年前の春、われわれ夫婦の結婚式に立会い人を務めてくれた先輩が何年振りかで訪ねてくるのだ。書家であり弓道家でもある先輩の古武士のような風貌《ふうぼう》を思い浮かべながら、一期《いちご》一会《いちえ》の宴にふさわしいもう一品を胸中に模索した。

考えあぐねて久々に本棚で埃《ほこり》をかぶっていた『茶の湯名言集』を引っぱり出し、一期一会とはそも何ぞやと勉強しなおした。

そこに幕末の大老・井伊直弼《いいなおすけ》の『茶湯一会集《ちゃのゆいちえしゅう》』の一節が引用されていた。

――抑《そもそも》茶湯の交会は、一期一会といひて、たとへば幾度おなじ主客交会するとも、今日の会にふたたびかへらざる事を思へば、実に我一世一度の会なり、去るにより、主人は万事に心を配り、聊《いささか》も麁末《そまつ》なきやう深切実意を尽し、客にも此会《このかい》に又逢《あ》ひがたき事を弁《わきま》へ、亭主の趣向何一つもおろかならぬを感心し、実意を以《もっ》て交るべきなり、是《これ》を一期一会といふ――

すなわち一期一会とは、亭主も客もこれが最初であって最後だという心で交会すること。「この年、この月、この日の茶事は生涯この一度限り」その覚悟こそ茶湯の根本ということである。もてなしに限らず、自分一人の酒飯でも、亡師はつねに一期一会の覚悟だった。

茶事も酒事も根本は同じだ。それだけの覚悟ができていたかと私は自分に尋《き》いた。そして反省した。自分なりに一所懸命考えたつもりの「こぶしの宴」の献立だったが、一期一会の歓《よろこ》びと感謝がそこに表れていない。

結局、私が精一杯に心をこめて作りました、と胸を張って先輩に勧められる一品が欠けていることに思い至った。

あの先輩は何が一番の好物だったか。健啖家《けんたんか》で何でもよく食べるが、一番好きなのは牛肉だ。ビフテキやビーフシチューに目がない。多分、いまでもそうだろう。

ところで、お前自身が最も得意とする料理は何だ？　むろんタンシチューである。

これにはかなりの自信を持っている。

それなら懐《なつ》かしい先輩を迎える一夕の献立に何でタンシチューを入れないのだ？

よし、これで献立が決まった。筍眼張のあと、箸休めを一つ挟んで鉢山亭流タンシチューを食べてもらおう。突如、洋皿にナイフとフォークというのもおかしいから、煮込んだタンは一口大に切って、小鉢に盛り込むことにする。

その日まであと十日。一週間あればタンシチューはできる。煮込み用の赤ワインには、この際、秘蔵のボルドーを張り込もう。私の深切実意はこれしかない。

亭主八杯　客一杯

自然食やらスローフードやらがブームになったおかげで、近頃は近所のスーパーマーケットでも色々な山菜が手に入る。

しかし、山菜とは名ばかりで人工的に屋内栽培されたものが少なくない。あまりに姿かたちがきれいに揃《そろ》い過ぎているのでそれとわかる。買って来て食べてみると、山菜特有の個性（早い話がアクや苦味やエグ味だ）というものがない。

「山菜の山菜たる所以《ゆえん》はアクにある。アクが生命といってもよい。アクこそ個性であり、味でもある。そのアクをすっかり抜いてしまったら、山菜を食べる意味がない」

と、断じたのは知る人ぞ知る山菜・キノコの専門家、畠山陽一だった。十数年前、秋田へ山菜の勉強に出かけたときに聞いたそのことばが、いまでも私の耳に残っている。

半日、畠山陽一に案内されて初めて本格的な山菜採りを経験した。どこに、いつ、何が生えているか、全部知り尽くしている専門家について行くのだから、私のような初心者でも面白いほど採れる。

アザミ、アイコ、ミズ、ヤマワサビ、ダイモンジソウ、ハンゴンソウ、ネマガリダケ、トリアシショウマを抱え切れないほど採って帰ると、今度は山菜料理専門家（すなわち烈子夫人）が腕をふるった。

おひたし。天ぷら。油炒《いた》め。山椒味噌《さんしょうみそ》和《あ》え。アイコにはアイコの香りと味があり、ミズにはミズの、トリアシショウマにはトリアシショウマの、それぞれはっきりしたクセがあって、そのクセがたまらない。

「ここ秋田は日本一の山菜王国だからね。山菜の大関格のシオデにヒデコ（秀子）、ミヤマイラクサにアイコ（愛子）と、秋田おばこの名をつけているぐらい、秋田の暮らしと山菜は切っても切れない間柄なんだよ」

と、陽一先生はいった。

烈子先生の山菜料理は食べても食べても飽きず、山ほどあったのをきれいに食べ尽くした。ミズとジュンサイと糠《ぬか》イワシのしょっつるが絶品で、恥ずかしながら三杯もお代わりをしたのを覚えている。

疎開《そかい》児童として少年時代を越後《えちご》の高田で過ごした私にとっては、ネマガリダケは昔から慣れ親しんできた味だ。筍《たけのこ》といえば普通は孟宗竹《もうそうちく》のことだが、雪国ではネマガリダケのことだった。姫タケノコと呼んでいた。

大体五月中旬ぐらいから市場に出始め、六月から七月初め頃まで食べられる。母が市場から買って帰ると、皮むきが私の仕事だった。先端数センチを斜めにそぎ落とし、そこから皮をむいて行く。先端を深く切り過ぎては、「ああ、もったいない。先っぽの細い所が一番おいしいのに……」と、おふくろに怒られたものだ。

孟宗と違ってエグ味がほとんどなく、風味の淡泊なネマガリダケは、舌ざわりもなめらかで、どう料理してもうまい。うちでは季節になると信州の友人から送ってもらい、味噌汁の実にしたり、卵とじや天ぷらで賞味する。

皮をむかずにそのまま直火で黒焦《くろこ》げになるまで焼き、アチチ、アチチと火傷《やけど》覚悟で皮をむいて、味噌をつけて食べるのもいい。味噌の代わりに酒と味醂《みりん》で味を調えた醤《しょう》油《ゆ》をつけるという法もある。塩だけでもうまい。

一度、この皮ごとの炭火焼を試してもらいたいと思い、荏原《えばら》の池波邸へ届けたことがあったが、残念ながらあまり喜んではもらえなかった。江戸っ子の池波正太郎にとっては、「筍は孟宗竹に限る」だったようだ。

ネマガリダケで一度やったら必ずやみつきになるのはタケノコ鍋《なべ》だ。これは本来、山へネマガリダケを採りに行ったとき、その場で楽しむ野外料理である。鍋に水を張り、酒もたっぷり入れ、そこへサバの水煮（むろん缶詰）を汁ごと全部放り込み、サバ缶の出汁《だし》でタケノコを煮るのだ。タケノコに火が通ったら味噌を溶き入れる。これだけのことだがバカウマである。あとは酒とおにぎりだけあればいい。

拙亭でネマガリダケの鍋をやるときは、集まった酒敵の面々に皮むきをさせる。ざるに山盛りにしたタケノコをどんと出し、「さ、むいてくれ。働かざる者食うべからずだ」

普段、庖丁《ほうちょう》など持ったことのない連中でも、みんな結構面白がってせっせと皮むきをしてくれる。私は最初に二、三本、自分でやって見せるだけで、あとは酒を飲みながら高みの見物だ。

連中にもむろん酒はあてがっておくが、みんな皮むきに夢中で酒を飲むひまもない。すっかり皮むきが終わった頃には、私はすでに半ば出来上がっている。こういうのも「亭主八杯　客一杯」といえるだろうか。

もともとは、客をもてなそうと一所懸命なあまりに、ついつい亭主のほうがたくさん飲んで見せること。それが「亭主八杯」ということわざの意味である。私の場合も、亭主としての心入れのあまり……と、自分で勝手に納得している。

もう一昨年のことになるが、わが鉢山亭恒例のネマガリダケの宴に招いた中の一人が、

「先輩、まことに申し訳ありませんが……」

「何だ？」

「どうしても私はサバがだめなんです。アレルギーで」

あれには参った。しかし、アレルギーではいたしかたない。皮むきを見ながら考えた末に、豚バラ肉とタケノコに変えた。結果としては、これはこれで文句なしにうまかった。それで去年からは、皮むきをさせながら、これをどうやって賞味するかを説明し、サバ缶がいいか、豚バラがいいかと尋《き》くことにしている。

それがとんだヤブヘビで、

「どっちもうまそう。ぜひ両方お願いします」

これにはまた参った。結局、両方作った。前半はサバ缶の鍋。後半は豚バラの鍋。

彼らの結論は、どっちもうまい、甲乙つけ難い。来年も両方でお願いします。

というわけで今度は最初から二本立てで行こうと思っているのだが、肝腎《かんじん》のネマガ

リダケがなかなか届かない。

つい先日、しびれを切らして奥信濃に住む友人に電話をした。

「そろそろ来るかな、ネマガリダケ」

「今年はまだ無理だ。大雪だったからな」

そういえば豪雪の冬だった。おとなしく待つしかない。深い雪の下で耐えに耐えて出たネマガリダケはさぞうまかろう。

それにつけても、ネマガリダケのうまさを亡師に伝えられなかったのが、いまもって口惜しい。

「添・仲・留」の三段飲み

客を迎えるときは門前に打水《うちみず》をする。拙亭には玄関前に猫の額ほどの庭があるだけで門などないが、それでも一応あたりに打水をする。これはもてなしの約束事の一つで、打水は「用意万端ととのいました。どうぞ」というしるしである。

もし、まだ打水がしてなかったら、客は門をくぐらず、附近を漫歩するなりして、打水がすむのを待つのが礼儀とされている。

水というものには清浄感をもたらす不思議な力があるようで、たとえ庭ともいえないような小さな庭でも、樹木や石や草花に露が宿るほど打水をすると趣が一変する。

酒器や食器についても同じことがいえる。懐石で用いる向付その他のやきものは、料理を盛りつける前に、必ず水に通すことになっている。そうすると、どういうわけか、器それぞれの隠れていた艶《つや》が出てくるのだ。それを器の生命感といってもいい。楽焼や和蘭陀《おらんだ》のような軟陶類が最も顕著に甦《よみがえ》るが、祥瑞《しょんずい》、赤絵、青磁にしてもはっきりと生気を取りもどすのがわかる。備前、信楽《しがらき》あるいは伊賀、南蛮などの焼〆《やきしめ》は、使う直前ではなく十五分か二十分前からズップリと水につけておく。使う寸前に水から引き上げてよく拭《ぬぐ》えば、見違えるほど生き生きしてくる。

やきものばかりではない。杉生地の八寸、利休箸《ばし》、青竹の菜箸、楊枝《ようじ》、これらもすべて前以《まえもっ》て十分に水を吸わせておき、使うときによく水気を拭い取るのが決まりである。思うに古くから伝承されてきた日本人特有の「みそぎ」の倫理と美意識が、知らず知らずこういうところにも生きているのではあるまいか。

さて、いよいよ土用。もともと土用は夏の専売特許ではなく、立夏・立秋・立冬・立春の前のそれぞれ十八日間をいうのだが、単に土用といえば普通は立秋前の夏の土用のことだ。「土用丑《うし》の日」を鰻《うなぎ》の日として宣伝した結果かもしれない。

例年、七月二十日あたりが「土用の入り」即《すなわ》ち初日で、これを土用太郎といい、二日目が土用二郎。続いて土用三郎、土用四郎までを数えるのはご承知の通りである。

土用三郎あたりが二十四節気でいう「大暑」に当たり、この日が暑さの絶頂ということになっている。しかし、万事暦の上の話だから現実には暑さのピークどころではなく、むしろ猛暑の始まりという感じだ。

池波正太郎は根っからの日本酒党で、それも「酒は燗《かん》」と決まっていた。しかし、書生がときたま持参する越後《えちご》の地酒に限っては、「湯呑《ゆの》み茶碗《ぢゃわん》で冷やでやる」といっていた。この時季は亡師といえどもさすがに酒を燗する気になれず、もっぱら冷や酒だったようだ。

冷やでやるには徳利より片口《かたくち》がいい。もともと冷酒を注ぐためにあるような器だ。拙亭では、その夜の気分や季節、体調、集まる酒敵の数や顔ぶれに応じて、いくつもの片口を使い分ける。

最低でも三個の片口が必要である。それというのも日本酒の伝統的な製法「添《そえ》・仲《なか》・留《とめ》」の三段仕込みに敬意を表すべく、飲み方にも「添の酒」「仲の酒」「留の酒」の三段切り換えを実行しているからのこと。

添の酒とは食前酒。大吟醸の香り高い酒を少しだけ飲む。最初から最後まで高価な大吟では家計が破綻《はたん》するということもあるが、それよりも「自己主張の強い大吟は料理に合わない」と思うからである。

うま過ぎる大吟醸は極上の珍味（たとえば干口子《ほしくちこ》とか唐墨《からすみ》とか……）を肴《さかな》に、ちょっとだけ食前酒として味わうのがいい。近江の鮒《ふな》寿しとか八丈島名産のくさやのような、個性の強烈なものが大吟には合う。何故《なぜ》か亡師はくさやを苦手とし、八丈島からの到来物はいつも書生に下げ渡されたものだ。

さあ、これから食うぞということになったら、仲の酒（食中酒）には料理以上に出しゃばらず味も香りも控えめの本醸造がいい。むろん、これは私の独断と偏見であって、これが正しいといっているわけではない。

実際、大吟醸でありながら吟醸香をぐっと抑え、あくまで「淡麗なること水の如《ごと》し」という控えめな大吟もある。そういう酒の場合は食中もずっとそれを飲む。留の酒は文字通り「ここで打ちどめ」の一杯で、食後酒として私が選ぶのは大吟の山廃原酒のようなタイプが多い。純米吟醸も拙亭ではもっぱら留の酒だ。

いつもいつも片口では面白くないから、冷酒に徳利を使うこともある。夏場はあまり出番のない土鍋《どなべ》に氷水を張り、そこへ冷や酒を入れた徳利を二、三本立てる。かき氷をびっしりと土鍋に詰めるという手もある。青笹《あおざさ》か青楓《あおかえで》でも飾ればいかにも涼し気である。

きょうは一つ〝酒道虎魚流《おこぜ》〟家元を気取って酒敵連中を驚かせてやろうというときは、朝鮮唐津の水指《みずさし》と斑唐津《まだらからつ》の大ぶりの茶盌《ちゃわん》を持ち出す。

どちらもやきもの好きなら知らぬ者はない高名な陶工の作だが、窯《かま》の火の神様が気合を入れ過ぎて売物にならなくなった、いわゆる〝ヘタリの名品〟である。窯場に打ち捨てられていたのをもらってきた。

しかし、いくら歪《ゆが》んでいようとヘタっていようと、名工の手になるものだけに犯しがたい気品があり、貫禄《かんろく》がある。水指がうっすらと汗をかいて鎮座する姿を見ると、いかなる酒敵といえどもしばし絶句する。

まさか水指に冷えた大吟醸が入っているとは思わないから、そも何事ぞといぶかるわけだ。そこで、おもむろに竹の柄杓《ひしゃく》を取り出し、静かに一礼して酒を酌《く》み、

「さ、さ、一献注がせてくだされ」

そのときの敵の顔が見ものである。茶盌として世に出損なった超大盃で酒を飲むと、十人中七、八人はその晩すっかり出来上がって拙亭泊まりになるのが面白い。つい緊張して茶湯《ちゃのゆ》と錯覚するからだろう。

ところが、なかにはしたたかなのもいて、

「結構なお点前《てまえ》でございました。ぜひ、もう一服。それも大服にて」

と、催促したりする。こういうときに、ああ、酒落《しゃれ》のわかるいい酒敵を持って、おれは何としあわせな男か……と、しみじみ思うのだ。今度の週末あたり、また例の水指と茶盌を持ち出して、「虎魚流・土用の酒事」を楽しむとするか……。

夏ハイカニモ涼シキヤウニ

三百六十五日、酒を飲まない日はない。朝だろうと昼だろうと、気が向けば飲む。夜はつねに飲む時間と思っている。その三百六十五日の酒代を稼ぐために、しぶしぶ酒代分だけ働いている。「酔生夢死」——これぞまさにわが墓碑銘といって然《しか》るべし。飲めば酔う、酔えば眠くなる。眠くなったら寝る。夜半にのどがかわいて目が覚める。酔い覚めの水千両と値が決まり、だ。この水のうまさのために毎日酒を飲んでいるのかもしれない。

千両水を飲むと頭がシャッキリしてくる。すぐには寝直すわけにもいかないから、また酒を飲みながら本でも読もうかということになる。昨夜は久々に『菜根譚《さいこんたん》』を書棚の隅から引っぱり出した。何十回も読んでいるが、読むたびに面白い不思議な本である。

中国は明代の万暦年間（一五七三〜一六二〇）の人、洪自誠《こうじせい》が書き遺《のこ》した随筆集、というよりはアフォリズム集で、体系的な哲学書ではなく、思いつくままの断片を前後の脈絡もなく並べてある。だから適当なページを開いて、そこにある断片を読む。読めば何かしら自分なりに考える。いわば、頭の体操だ。

交友須帯三分俠気

作人要存一点素心

昨夜はこの二行が目にとまった。友に交わるにはすべからく三分の俠気《きょうき》を帯ぶべし。人となるには一点の素心を存するを要す。学生時代の高歌放吟では「友を選ばば書を読みて六分《りくぶ》の俠気四分の熱」だったと思うが、その出所は『菜根譚』の三分の俠気にあったのか。

一点の素心。この一句にしびれた。人間が人間といえるか否《いな》か、それは一点の素心があるかないかに懸っている。素心とは世俗にまみれる前の、純な子供心。「以酒養真」の真と同じだ。ま、そんな甘ちょろいことを大事にしようという人間は、当節、

「負け組」と承知している。汚い勝ち組より私は負け組がいい。自分に誇りを持って死ねる。

さて……と、飲みながら考えた。

東洋の芸術論の根底には、どうやら「守拙《せつをまもる》」という姿勢があるように思える。だれだったかは忘れたが、宋代の文学者の言に「むしろ拙なるも巧なることなかれ。むしろ朴なるも華なることなかれ」とある。同じようなことを洪自誠が『菜根譚』に書いている。

「文は拙を以《もっ》て進み、道は拙を以て成る。一の拙の字、無限の意味あり」

拙とは巧の反対である。要領がよくない。その代わり、どこまでも愚直に、己れの信ずる道を進み続ける。「才子、才に溺《おぼ》れ」て自滅した後も、拙を守る人間はひたすら一直線に進み続ける。結局、大成するのは愚直に徹した人間のほうだ、と洪自誠はいっている。

しかし、そこには筆者の願望もまじっている。こうであってほしい……と、洪自誠は思っているわけで、裏側から見れば現実はあくまで「巧」の勝ち組に支配されている、といわざるを得ないかもしれない。

それでも私は守拙全天真で行きたい。拙を守りて天真を全《まっと》うす、だ。その結果、ついに大成することなく死んだとしても、一向に構わない。私ごときにこれだけの覚悟をさせるのだから、酒の功徳《くどく》は大したものである。

人をもてなすということも、考えてみれば守拙の姿勢に尽きる。いくら約束事を暗記して器用になぞったところで、それがもてなしではない。ひたすら相手の身になって思いやり、当たり前のことを愚直にきちんとすること。これが本当のもてなしである。

夏ハイカニモ涼シキヤウニ、冬ハイカニモ暖カナルヤウニ、炭ハ湯ノ沸クヤウニ、茶ハ服ノヨキヤウニ、花ハ野ニアルヤウニ、刻限ハ早メニ、降ラズトモ雨ノ用意、相客ニ心セヨ——いわずと知れた利休七則だが、これも一言でいえば守拙という戒めに他ならないだろう。

文月《ふみづき》も半ばを過ぎれば、ようやく梅雨も明け、いよいよ猛暑、酷暑の季節。そうってもらわなくては困る。カンカン照りが続いてくれないと米が豊作にならない。そう自分にいい聞かせて、「夏ハイカニモ涼シキヤウニ」をどう実践するかを考える。

京の「夏座敷」という知恵には、日本の長い夏場を乗り切るために学ぶべきものが多々ある。若い頃は京都にかぶれてせっせと通い、祇園祭《ぎおんまつり》も何度か見た。寒い季節とはガラリと表情を変えた夏座敷の趣には、行くたびに感動したものだ。荏原《えばら》の池波邸は一流建築家に設計させた本格的な洋風三階建だが、夏場の強い陽差しをさえぎるために、窓外に竹簾《たけすだれ》を吊《つ》り下げていた。京の夏座敷の知恵がそこに生きていた。

だが、貧乏書生がそのまねをするにも限界がある。なるべく広間がいいといわれてもオンボロ拙亭に涼しげな広間などない。隔ての建具は葭簀障子《よしずしょうじ》に改めるか、あるいは単に簾でも可、とは承知ながら、もともと改めるべき隔ての建具そのものが我が家にはない。座敷一面に網代《あじろ》を敷きつめて足許《あしもと》をひんやりした感じに……これも無理な相談である。

せいぜい家中のドアを開け放ち、代わりに麻のれんを吊り下げ、フローリングを徹底的に掃除して拭《ふ》き、スリッパなしの素足で歩いてもらう。これぐらいしかない。

酒は土鍋《どなべ》に細かく砕いた氷を敷きつめ、そこに徳利を立てる。徳利の間に青楓《あおかえで》を一葉。伊賀焼の巨大な鉢があるから、氷水を張って一升瓶をそのままぶちこんでおくこともある。この大鉢、西洋にワインクーラーがあるのに何故《なぜ》日本に一升瓶クーラーがないのかと窯元《かまもと》に談じ込み、無理やり作らせたものだ。

料理に関しては、まず、岐阜の知る人ぞ知る創作中華料理名人からアイデアを盗用した「素麺《そうめん》のキャビア和《あ》え」を出す。本来はビーフンを使うのだが、うちは素麺。これはこれでなかなかいける。

主菜はあえて火を持ち出す。卓上コンロに土鍋をかけて「茄子《なす》かやき」だ。「かやき」は貝焼きの訛《なま》りで、元来は帆立の貝殻を鍋代わりにした。皮をむいた茄子を山ほど用意しておき、鍋に鮭缶《さけかん》を汁ごと入れて酒もたっぷり加え、淡口醤油《うすくちしょうゆ》で味を調え、茄子を煮ながら食べる。当然、死ぬほど汗をかく。汗をかいた分だけ涼しくなる。大量の茄子の皮はキンピラにしておき、最後にこれで氷茶漬を食べるのが拙亭の定法である。

亡師は「狂」がつくほどの茄子好きだった。池波流茄子賞味法の一つに「胡麻《ごま》油焼きの芥子《からし》醤油」があり、これも拙亭でよくまねをしてやる。食べるたびに亡師の怖い顔が浮かんでくる。思い出すのはいつでも怖い顔ばかりだ。

師ト西ヲ東ト違ッテスル

稽古《けいこ》ということばはだれでも知っている。普通は、柔道の稽古、長唄《ながうた》の稽古、あるいは踊りの稽古といったように、武道や遊芸について用いられることが多い。この場合の稽古とは「練習する」意である。

しかし、「稽」という文字には「考える」という意味があって、もともと稽古とは「古《いにしえ》の道を考える」ことに他ならなかった。つまり、古書をひもといて古人の教えを学ぶ、それが稽古の本来の意味。

天下人・秀吉の逆鱗《げきりん》に触れて無残な死をとげた狷介《けんかい》な茶人がいる。その名は山上宗二《やまのうえそうじ》。利休の弟子だったこの茶人が遺《のこ》した一文に「茶湯《ちゃのゆ》年来稽古」というのがある。ちょっと長いが引用しよう。

十五ヨリ三十マデ万事ヲ師ニマカスル也《なり》。三十ヨリ四十マデハ我ガ分別ヲ出ス。習《ならい》、骨法、普法度、数寄雑談ハ心次第ナリ。但《ただ》シ、十ノモノ五我ヲ出スベシ。四十ヨリ五十マデ十年間ハ師ト西ヲ東ト違ッテスル也。其《そ》ノ内、我流ヲ出シテ上手ノ名ヲトル也。茶湯ヲワカクスル也。

又、五十ヨリ六十マデ十年ノ間ハ師ノゴトク一器ノ水一器ニ移スヤウニスル也。名人ノ所作ヲ万《よろず》手本ニスル也。七十ニシテ宗易ノ今ノ茶湯ノ風体、名人ノ他ハ無用也。

普法度なんて何と読むのかさえわからないが、虚心に三度も五度も読み返しているうちに全体の文意は何となくわかってくる。「師ト西ヲ東ト違ッテスル」というところで、そうなんだよなァ……と、思わず小膝《こひざ》をたたいた。

人間、四十を過ぎたら、師からの教えを反対にしてみる必要があるということ。そうすれば新しい工夫による新しい道（すなわち我流）が拓《ひら》かれ、マンネリズムに陥ることを免れて、再び若々しい息吹きを回復し得る。

山上宗二の右の一文は茶人としての一生稽古の心得を明快にまとめたものだが、思うにこれはそのまま、われわれ酒徒の酒道稽古の心得にも通じる。もてなしの心得また然《しか》り。

しかし、だ。

たかが酒を飲むだけのことに、ヤレ酒道だ、生涯稽古だなんて、大仰過ぎるよ、好きだから飲む、うまいから飲む、酔った気分がたまらないから飲む、それでいいんじゃないの、文句あるか……という酒好きもいる。それはそれで一理あり、そういう人はそれでいいと思う。

ただ、私としては、せっかくありがたい酒を飲むからには、漫然と飲んで酔っぱらって、ああ、酔った酔ったオヤスミナサイでは、酒に対して申しわけないと思うのだ。酒は「男を磨く」ための、またとない機会と私は思っている。「飲むことによって己れを磨く、そういう心構えで酒を飲まなかったら、一生飲んだくれに終わってロクな人間にはならないぞ」と、耳にたこができるほど池波正太郎に聞かされた。

縁あって十年間、池波正太郎の身近にいて書生を務めていた。もう二十年も前の話だ。その間に私が学んだことは、

「確実な死に向かって、有限の時間を確実に減らして行く――それが人の一生。しかも、明日が最後の一日でないという保証はない。だから、今日という一日が大事なんだ。毎日そう思って飯を食え。そう思って酒を飲め」

この池波流〝食の作法〟これのみである。これが私の生き方の基本になっている。飲み食いにここまで真剣だった人を私は他に知らない。こういう人を本当の「食道楽」というのだ……と不肖の弟子は思っているのだが、食道楽ということばの解釈は人さまざまで、「天下の池波先生に向かって食道楽とは何事か」と、元書生をののしる大先生もいらっしゃる。ま、それはそれでどうぞご随意に、だ。

ここで、また、稽古の話に戻るが、宗二の師匠である千利休その人は、道歌で一層簡潔に稽古の何たるかを喝破している。

「稽古とは、一より習い十を知り、十より帰るもとのその一」

稽古に稽古を重ね、一応すべてを知り尽くしたつもりで帰る「もとのその一」とは、すなわち初心だろう。

五十年、朝昼晩と飲まない日はないという暮らしをしてきた人間だが、たかがその程度でイッパシの酒飲みを気取るんじゃないぞ、おずおずと初めて酒を飲んだ日の謙虚さを忘れたら酒を飲む資格はないぞ……と、ヌル燗《かん》の酒をやりつつ、自分にいい聞かせた。初心忘るべからず、と。

さて……。近々にまた酒敵を迎えて、もてなしの一宴を催すことになっているが、海山里川の恵みが一年中で一番といっていいくらい豊富な季節だけに、献立を決めるいまさら松茸では新鮮味も感動もなく、「十日の菊」に終わる。松茸《まつたけ》を出せばだれからも苦情は来ないだろうが、いまさら松茸では新鮮味も感動もなく、「十日の菊」に終わる。

そこで何がよかろうかと考えているうちに、そうだ、初夏の頃にも旬《しゅん》があるが秋から初冬にかけてもう一度旬のあるカマス、これがいいんじゃないかと思いついた。

細長く円筒形で、とがった頭、大きな口、しかも下吻《かふん》が上より長く受け口で、鋭い歯を持つスズキ目カマス科のこの魚。見ようによっては精悍《せいかん》な面構《つらがま》えであり、斜めから見れば軟弱なオカマ風ともいえないことはない。

青カマス、赤カマス、大和カマス、鬼カマスなどの種類があるが、われわれが賞味するのは青と赤で、鬼カマスは有毒のため食用を禁じられていると聞いた。

春から夏にかけて漁《と》れ、夏場がうまいとされるのは青カマス。秋から冬の初めがいいとされるのは赤カマス。どちらにせよカマスは水っぽい魚なので、生よりも一塩の一夜干しがいい。池波正太郎はどんな贅沢《ぜいたく》でも思いのままの億万長者だったが、日常の食卓はむしろ質素で、われわれ庶民とあまり違いはなかった。食日記に登場するのも鯵《あじ》の開きや鰯《いわし》の味醂《みりん》干し、それにカマスの一夜干しなどが多い。とにかく魚の干物に目がなかった。

カマスは酒にもまして飯との相性がよく、「カマスの焼き食い一升飯」ということわざもある。カマスで身につまされるのは、京都御所の行事食として伝承されてきた「つまみの御料」だ。干したカマスを焼いて、身をむしり、淡《うす》い塩味で炊《た》き上げたご飯に火取った若布《わかめ》と共に混ぜ合わせ、これをおむすびにしたものである。都を追われたやんごとなき御方が流浪《るろう》の旅先で漁師にふるまわれ、思わず手づかみで召し上がられたものとか。流浪のやんごとなき御方でなくても、これはうまいよなあ……。

我仏　隣の宝　聟舅

あいつとなら、いつでも一緒に酒を飲みたい……という酒敵がいるかと思えば、たとえ憂《う》き世の義理ではあっても、できることならあの野郎とだけは飲みたくない……という相手もいる。

酌《く》み交わしたい相手と、まっぴら御免の相手と、その違いはどこから来るか。飲む量や飲みっぷりの問題ではない。もともと私自身が他愛のない酒飲みで、酒量は大したことはなく、酒豪には程遠い。せいぜい三合も飲めばすっかりゴキゲンで、ところかまわず寝てしまう。いつぞや銀座から荏原《えばら》まで亡師を送るタクシーの中で高イビキとなり、「おい、起きろ！　おれは降りるぞ！」とゲンコツをくらったこともあった。およそ上戸というのもはばかられる小酒飲みでありながら（思えば、そういう人間だからこそかもしれないが……）一緒に飲む相手にだけは結構うるさいのだから、我ながら勝手なものだ。

共に飲む条件はただ一つ、飲んで楽しい相手か否《いな》か、これである。折角この世の至高の甘露を味わおうと思っているのに、その酒をまずくする徒輩《てあい》だけは断じて許せない。よしんば一夜丸抱えで御馳走《ごちそう》してくれる金持ちであっても、私は口実を設けて逃げ出す。

逆に、あいつに声かけたら全部オレの散財だな……とわかっていても、つい声をかけたくなる飲み助もいる。そういう相手とばかり酒飯しているから、当然の結果として、拙亭の台所はつねに火の車だ。

こういう亭主が女房にほめられるはずはないが、それでも夫婦別れせずに四十年何とか保《も》ったのは、山妻を特訓して人後に落ちない酒徒に仕立てたからである。結婚して十五年間一滴の酒も飲めなかった女が、いまや私など足許《あしもと》にも及ばない酒豪だ。

どちらも三十をとうに過ぎていまだに嫁サンがいない息子が二人いる。そいつらを種にカミサンと教育論が始まると、一晩に最低一升は空になる。ああいうダメ息子が二人もできた責任は一体どちらにあるか、というわけだ。翌日、思い返してみると、私はせいぜい四合、敵が六合である。三対七かもしれない。

いくら大激論になっても倅《せがれ》にまつわる教育論の場合は「もう別れましょう」「ああ別れよう」ということにはならない。どちらも決して口には出さないが（非は自分にもある……）という反省が根本にあるからだ。

しかし、これがたまたまテーマがプロ野球だと、必ず「明日離婚しましょう」「おう、いいとも」というところまで行く。私はものごころついたときから巨人一辺倒。敵は生まれついてのアンチジャイアンツ。

あるときは片や出刃、片や柳刃を持ち出して本気で殺し合いになりかけたこともある。それでも一晩たって翌朝になれば、

「ああ、この味噌汁《みそしる》、うまいなァ……」

「お父さん、今夜は何にします?」

「鍋《なべ》だな」

「また鍋ですか。私は楽でいいけど……」

これで何事もなしである。素面《しらふ》でやり合ったら、その恨みは翌日も消えることなく、最後はやっぱり別れ話にたどりつくだろう。ここに酒の功徳《くどく》がある。

その昔、室町時代の終わり頃らしいが、牡丹花肖柏《ぼたんかしょうはく》という風流人がいた。連歌師であり、歌人であり、別号を夢庵、弄花軒と称した。この肖柏がかの宗祇《そうぎ》および宗長と

三人で詠《よ》んだ「水無瀬《みなせ》三吟」が百韻連歌の典型とされている。相当な人物だったらしい。

肖柏先生の歌に、「我仏《わがほとけ》　隣の宝　聟《むこ》舅《しゅうと》　天下の軍《いくさ》　人の善悪《よしあし》」という一首がある。これは何かというと、人の集まるところで口にしてはならぬ話題、いわばタブーを並べたもので、茶席における厳しい約束事の一つに他ならない。千利休の弟子の一人に山上宗二《やまのうえそうじ》というはなはだ狷介《けんかい》な男がいた。世人すべてが恐れて頭を下げる天下人・秀吉に対してすら頭を下げようとせず、結局、秀吉の怒りにふれて堺の町から追放された。

その後、七年間行方不明になっていた宗二が北条氏に仕え、小田原城下で茶を教えているとたまたま知った利休は、ちょうど北条攻めに来ていた秀吉にとりなし、二人を会わせる一席を設けた。

利休が亭主をつとめる茶会へ秀吉が来て、そこで偶然、宗二に会うという段取りをしたのである。だが利休の骨折りはかえって無残な結末をもたらすことになった。秀吉はあれこれと宗二に話しかけたが、宗二は答えない。そこで秀吉、武力を用いずに開城させたこれまでの例を次々と得意気に語り始めた。

これに対して、宗二はあくまで無言。ついに秀吉がたまりかねて、「何故《なぜ》返事をせぬか」と詰問《きつもん》すると、山上宗二は「私の好きな肖柏の歌によりまして……」と背を反らし、顔色をかえた秀吉を無視して、「我仏　隣の宝　聟舅……」を二度繰り返した。

激怒した秀吉の命により、一徹の茶人・山上宗二は悲惨な死をとげた。およそ茶の道に志すものはかくあるべしという反骨精神を鮮烈に語るエピソードとして、あれから四百余年を過ぎた今日まで語り継がれている。

我仏の戒め、酒席また然《しか》りである。

肖柏がこれだけは慎めと教えている条々を歯牙《しが》にもかけず（というよりは単に無学無教養無知ゆえにか）、平然として仕事の手柄話やゴルフの自慢、子供がどこの一流校に入っただの、今度買ったベンツはいいねェだの、愚にもつかない馬鹿《ばか》話を酒席で延々としゃべりまくって恥じない奴《やつ》がいる。

そういう奴らとだけは酒を飲みたくないということである。一流といわれる大企業や役所に勤め、まわりからはうらやましがられている（と、本人だけは自信満々の）人間にこの手の酒飲み失格者が多い。

ここまで書いて、私は反省した。そういうお前はどうなんだ、と。酌み交わす頻度が一番高い四十年来の酒敵にいわれた。「お前は酔っぱらうたびにカミサンの自慢をするくせがある。いい加減にしろ」

考えてみればその通りかもしれない。カミサン自慢とは、すなわち「我仏自慢」だ。酒徒としてはまことに恥ずべきことである。そうは思うが、うちのカミサンは（少なくともこの私にとっては）日本一の酒敵なのだから、しようがないと開き直っている昨今である。呵々《かか》。

文庫本へのあとがき

毎週月曜の夜七時は、ちょっとした肴《さかな》と酒を用意して、テレビの前に座っている。『鬼平犯科帳』の時間である。朝刊のテレビ番組案内をチェックした時点で、どういう話か、その一部始終はすっかりわかっている。題名を見た瞬間に全部わかってしまうのが私の不幸だ。やんぬるかな。

それでも毎週楽しみに観《み》て飽きない。鬼平を演じている吉右衛門《きちえもん》が素晴らしい。輩下の密偵たちの一人ひとりが実にいい。ドジ専門のウサギこと木村忠吾がいい。一時間のドラマのどこかで必ず一回、「これぞ池波節！」という極付けの台詞《せりふ》を鬼平が吐く。その一瞬をいまかいまかと待ちながら観ているのだ。

「善事をおこないつつ、知らぬうちに悪事をやってのける。悪事をはたらきつつ、知らず識《し》らず善事をたのしむ。これが人間だわさ」

こんな池波正太郎ならではの人間観照が耳に飛び込んできたとき、私には吉右衛門の顔が在りし日の池波正太郎その人に見えて、思わず居ずまいを正す。

どこで何をしていても、たいてい私自身がその場の最年長で、こわい人が滅多にいない齢《とし》になったが、それでも亡師はいまだにこわい。強烈な皮肉を一発くらって脂汗《あぶらあせ》をかいて目が覚めることがいまも年に何回かある。

いつも決まって旅先のフランスのどこかでポカをやって、池波正太郎にジロリと睨《にら》まれるところから始まる夢だ。鬼平先生の鞄持《かばんも》ちとして供をするウサギが私の役どころ。ドジを踏むのが当たり前の役には違いないが、当人としては悔しさと恥ずかしさが心のどこかに刻まれる。それがこの齢になってもひょっこり夢に出るのだろう。

しかし、日常的な飲み食いの場面で怒られる夢は見たことがない。むろん、ほめられる夢も見たことはないが（呵々《かか》）。「今日が人生最後の一日。毎日そう思って飯を食え。そう思って酒を飲め」。池波正太郎のこの戒めを人生の第一義として、自分なりに精一杯「食道楽の作法」を守ってきた、と自分では思っている。こんなことを書くと、「きみはまだ甘いねェ」と、またあのこわい眼付きで今夜の夢に出てくるかもしれない。

桑原々々。話を変えよう。

池波正太郎の食道楽は天性のもので、すでに少年時代から始まっていた。まさに筋金入りの食道楽である。そういう亡師が愛してやまなかった食べものや店が、辛うじてまだ各所に残っている。近年、私はそういうところを行脚《あんぎや》して回り、日本の食文化について考える一つのよすがとしている。

どこで何を食べていても、必ず池波正太郎の〝天の声〟が聞こえてくる。

「鰻屋《うなぎや》では蒲焼《かばやき》が出てくるまで何も食うな。せいぜいお新香だけで酒を飲んで待て」

「鮨屋《すしや》でシャリだ、ムラサキだ、アガリだと鮨屋の隠語を通ぶって使うほどみっともないことはないぞ。決して使うなよ」

「酒を飲まぬくらいなら蕎麦屋《そばや》へなんぞ入るな。ただし、長尻《ながっちり》はいけない。二本ぐらい飲んで、さっと蕎麦を手繰って、さっと帰れ」

「天ぷら屋へ行くなら、腹を空かせて行き、揚げるそばから親の敵にでも出会ったようにかぶりつけ」

江戸っ子作家だから、当然、池波正太郎は「江戸前」に強い愛着と誇りを持っていた。もともと江戸前とは「江戸城の前」の意で、鰻屋が最初に使い始めたことばだ。それが魚介類一般に広がって「江戸城の前の海の幸」となり、時代が下がると東京湾全体の魚、さらには三浦半島の西側や房総半島先まで含めて東京の近海物も江戸前になった。

しかし、現在の「江戸前」とは産地のことではなく、食材に対する職人の姿勢をいう、と私は解している。伝統的な江戸っ子ならではの職人気質《かたぎ》がその仕事ぶりに出ていれば、それを江戸前と呼んでいい。

宵越しのゼニは持たねェと突っ張った江戸の職人たちには、その仕事で金を儲《もう》けようとか人にほめられたいとかいう以前に「自分に対してみっともない仕事だけは絶対にしない」という厳しい自己規制があった。

自分が心底納得できる仕事でありさえすれば他人様《ひとさま》からの評価など二の次、三の次。そういう職人気質こそが「江戸前」ということばの真意に他ならない。つまり、いまや江戸前とは単なる食材産地のことではなく、己れのプライドをそこにかけて仕事をする職人の生き方そのものである。これを西洋のことばでいえば「ハードボイルド」そのものだ。

そういうことになると、洋食屋や居酒屋やラーメン屋にも江戸前があっておかしくないことになる。ここまで書いてきて、ふと思い出した。（こんなこと、本文のどこかにもう書いたんじゃないか……）

同じことをクドクドしつこくというのは年寄りの病気だからと御海容を乞うしかない。

今日、江戸前は何も東京に限らず、京都や大阪や日本中のどこにあってもいい、律《りち》気《ぎ》な仕事に命をかけている口福職人がいる限り、そこで供されるものはすべて江戸前だ……という私の強引な持論のしめくくりとして、最後に私がいいたいのは、

「食べ手にも、江戸前の真意を理解し、作り手の心意気と苦心の技をきちんと受けとめるだけの力量が要求される」

ということだ。

金さえ払えばどこの食いもの屋でもエラそうに大きな顔をしていい、ということは絶対にあり得ない。近頃はだれでも写真が撮れるケータイというものを持っていて、料理が出てくるたびにまずパチリ、パチリ。それが料理人に対してどれほど無礼で心ないことか、一度ぐらい作り手の身になって考えてみたらどうだ。

食いもの屋のレベルを決めるのは客である。客がしっかり勉強して、本当にうまいものを食いたくて来ているんだぞ、とわからせれば作り手の目の色が変わる。雑誌片手に「ああ、ここだ、ここだ」とやって来て、料理を味わいに来たのかケータイパチリに来たのかわからない客では、まともに料理を出そうという気がなくなる。

食べることと生きることは、私にいわせれば同義である。真剣に食べていない奴《やつ》は真剣に生きていない。そのことを私は亡師・池波正太郎に叩《たた》き込まれた。このたび

『池波正太郎指南　食道楽の作法』が文庫本になったのを機会に、「真面目《まじめ》に生きるために、真面目に食べる」と思い定めて、この文庫本をポケットに口福行脚の旅をしてくれる人が三人でも五人でも出て来てくださったら……そこにこの一冊の意味はあると思っている。

二〇一三年三月　　著者

この作品は平成二十一年十月新潮社より刊行された。

平松洋子著

おいしい日常

おいしいごはんのためならば。小さな工夫から愛用の調味料、各地の美味探求まで、舌が悦ぶ極上の日々を大公開。

平松洋子著

平松洋子の台所

電子レンジは追放！　鉄瓶の白湯、石釜で炊くごはん、李朝の灯火器……暮らしの達人が綴る、愛用の台所道具をめぐる59の物語。

平松洋子著

おもたせ暦

戴いたものを、その場でふるまっていただける。「おもたせ」選びは、きどらずに、何より美味しいのが大切。使えるおみやげエッセイ集。

平松洋子著

おとなの味

泣ける味、待つ味、消える味。四季の移り変わりと人との出会いの中、新しい味覚に出会う瞬間を美しい言葉で綴る、至福の味わい帖。

平松洋子著

夜中にジャムを煮る

つくること食べることの幸福が満ちる場所。それが台所。笑顔あふれる台所から、食材と道具への尽きぬ愛情をつづったエッセイ集。

平松洋子著

焼き餃子と名画座
―わたしの東京　味歩き―

どじょう鍋、ハイボール、カレー、それと……。あの老舗から町の小さな実力店まで。山の手も下町も笑顔で歩く「読む味散歩」。

白洲次郎著
プリンシプルのない日本

あの「風の男」の肉声がここに！　日本人の本質をズバリと突く痛快な叱責の数々。その人物像をストレートに伝える、唯一の直言集。

幕内秀夫著
粗食のすすめ

アトピー、アレルギー、成人病の蔓延。欧米型の食生活は日本人を果たして健康にしたのか。日本の風土に根ざした食生活を提案する。

山口　瞳著
行きつけの店

小樽、金沢、由布院、国立……。作家・山口瞳が愛した「行きつけの店」が勢揃い。味に酔い、人情の機微に酔う、極上のひととき。

山口　瞳著
礼儀作法入門

礼儀作法の第一は、「まず、健康であること」。作家・山口瞳が、世の社会人初心者に遺した「気持ちよく人とつきあうため」の副読本。

山口　瞳
開高　健著
やってみなはれ　みとくんなはれ

創業者の口癖は「やってみなはれ」。ベンチャー精神溢れるサントリーの歴史を、同社宣伝部出身の作家コンビが綴った「幻の社史」。

山田豊文著
細胞から元気になる食事

これまでの栄養学は間違っている！　細胞を活性化させて健康を増強する、山田式ファスティングの基本知識。食生活改革法を伝授。

新潮文庫最新刊

佐伯泰英著
転び者
新・古着屋総兵衛　第六巻

伊勢から京を目指す総兵衛は、一行を付け狙う薩摩の刺客に加え、忍び崩れの山賊の盤踞する危険な伊賀加太峠越えの道程を選んだ。

乃南アサ著
禁猟区

犯罪を犯した警官を捜査・検挙する組織——警務部人事一課調査二係。女性監察官沼尻いくみの胸のすく活躍を描く傑作警察小説四編。

川上弘美著
パスタマシーンの幽霊

恋する女の準備は様々。丈夫な奥歯に、煎餅の空き箱、不実な男の誘いに喜ばぬ強い心。女たちを振り回す恋の不思議を慈しむ22篇。

小池真理子著
Kiss

唇から全身がとろけそうなくちづけ、人生でもっとも幸福なくちづけ。くちづけが織りなす大人の男女の営みを描く九つの恋愛小説。

安東能明著
撃てない警官
日本推理作家協会賞短編部門受賞

部下の拳銃自殺が全ての始まりだった。警視庁管理部門でエリート街道を歩んでいた若き警部は、左遷先の所轄署で捜査の現場に立つ。

前田司郎著
夏の水の半魚人
三島由紀夫賞受賞

小学校5年生の魚彦が、臨死の森で偶然知った転校生・海子の秘密。夏の暑さに淀む五反田で、子どもたちの神話がつむがれていく。

池《いけ》波《なみ》正《しょう》太《た》郎《ろう》指《し》南《なん》　食《くい》道《どう》楽《らく》の作《さ》法《ほう》

新潮文庫　い－17－54

平成二十五年六月一日発行

著者　佐《さ》藤《とう》隆《りゅう》介《すけ》

発行者　佐藤隆信

発行所　株式会社新潮社

郵便番号　一六二―八七一一
東京都新宿区矢来町七一
電話　編集部(〇三)三二六六―五四四〇
　　　読者係(〇三)三二六六―五一一一
http://www.shinchosha.co.jp

価格はカバーに表示してあります。

乱丁・落丁本は、ご面倒ですが小社読者係宛ご送付ください。送料小社負担にてお取替えいたします。

印刷・錦明印刷株式会社　製本・錦明印刷株式会社

ISBN978-4-10-145324-8 C0195